聖經研究叢書

# 傳到地極

## 羅馬書初探

曾思瀚 著
吳瑩宜 譯

基道出版社

▼

聖經研究叢書

# 傳到地極

## 羅馬書初探

# To the Ends of the Earth

## An Exposition on Romans

作者
曾思瀚 Sam Tsang

譯者
吳瑩宜

責任編輯
蔡錦圖

裝幀設計
奇文雲海．設計顧問

■

出版／發行
基道出版社
香港沙田火炭坳背灣街 26 號富騰工業中心 1011 室
LOGOS PUBLISHERS
Unit 1011, Fo Tan Ind. Centre, 26 Au Pui Wan St., Shatin, Hong Kong
電話：(852) 2687-0331　傳真：(852) 2687-0281
網址：http://www.logos.com.hk

承印
陽光印刷製本廠

●



7/2008 初版
Cat. No. LP169B
ISBN: 978-962-457-357-2



Printed in Hong Kong

| 刷次 | 10 | 9 | 8 | 7 | 6 | 5 | 4 | 3 |
|---|---|---|---|---|---|---|---|---|
| 年份 | 2024 | 2023 | 2022 | 2021 | 2020 | 2019 | 2018 | 2017 |

相片說明：本書頁 47、75、97 的照片由蔡錦圖攝，頁 61、89、122、135、147、158 的照片由曾思瀚攝。

# 黃朱倫序

若要在聖經詮釋上作出一個全面且深入的解經，就須採取多種角度的釋經。因為真理如同一粒閃亮發光的鑽石；要欣賞它的美麗，必須從多重角度來欣賞。顯然，每個角度都有其獨特的光輝，非其他角度所能替代；因此，綜合多重角度的光輝，將使鑽石展現全然的美麗。

註釋聖經要如欣賞鑽石的美；其目標固然崇高，但要付諸實踐卻非易事。特別是在羅馬書的註釋上，更是殊不簡單。「稱義、成聖、神的絕對主權與揀選」，已被傳統教會固定為解釋羅馬書的惟一神學教義內容。任何其他角度所看到的光輝，是否也是原來鑽石的另一種美？在與原來的光輝相映相照之下，這些角度是否增添了整粒鑽石的美？又或許這些角度會產生相互衝突，以致否定原來的光輝，甚或加以取代。這些可能性都會在註釋上造成緊張，致使部分的人難以接受。對任何一位有意採取多重角度來註釋羅馬書的解經家來說，這不啻是莫大的挑戰。曾思瀚博士在羅馬書的解讀上，結合多重角度的光輝，使讀者可以欣賞整粒鑽石的光芒燦爛。曾博士在此書的導論中，歸納教會歷史三種詮釋羅馬書的主流解經法：神學解經法、歷史式解經法與修辭式解經法。曾博士在此書應用這三重解經法，以全新角度解說羅馬書；他結合三重角度的釋經且將它們融合為一，實屬難得。

在神學解經方面，曾思瀚博士採用近年來在學術界引起諸多爭議的現代學術創新研究。特別是與保羅書信中「律法」的所指，和「因信稱義」的意義與目的，密切相關的「新視野角度」。到底保羅所用的「律法」所指，是否並非一般的善行，而是猶太教羣體的身分標誌？若是如此，保羅所在乎的將是猶太羣體中，一些以律法為「身分指標」來排除外族的猶太主義者。同時在此背景下，保羅最關注的「因信稱義」真理，將使猶太人和外族信徒融洽相處。曾博士採此創新進路，有智慧地以更大的宏觀將其優點發揚光大。他有效地吸收其精華，使讀者更能全面了解保羅神學的內涵與意義；同時在不失「因信稱義」的基本真理之下，使其光輝更加燦爛。

在歷史解經方面，曾博士根據最新近的學術趨勢，引進過去所忽略的一環重要歷史資料，來解讀羅馬書。這一環重要的歷史資料，與羅馬書的讀者密不可分——羅馬為當代帝國勢力的中心。這是一種屬於「後新視野」的解經法。這種「後新視野」的解讀結果，或許與過去的解讀結果衝突，或相輔相成，甚或加以取代。一般而言，當同一個詞彙或句子，出現在不同的語段語境時，都會在意義上有所轉變：這個轉變可以是基本意義的轉變、側面意義的轉變，或意義的增加與擴大。例如，一個在猶太羣體背景中（猶太語境）的字詞，可能在新的語境（希臘或羅馬語境）產生基本意義的轉變，或沒有多大轉變。但在側面意義的內涵上，卻更加豐富；而使讀者在某個景況下，更容易產生意義內涵上的共鳴與互動。在這種情況下，字彙或句子不但不失去原來的基本意義，還更加流露豐富的蘊涵。但有時在某種獨特的語境中，字彙或句子的側面意義，可能轉賓為主而成為主要意義。換言之，原來意義反而成為側面意義。在保羅的時代，尤其是猶太人，一般都具有希伯來、希臘和羅馬的文化背景。正如現代的香港人同有香港、中國和英國的文化背景一樣。

在現今全球化的大氣候中，字彙或句子的意義更形複雜。當一句話或一個詞彙出現在某個語段語境時，它的意義到底單一或多面，又是否有主要與側面意義之分，都視乎個別情況而定。保羅是個「全球化」的宣教士，他是精通希伯來文、亞蘭文和希臘文的猶太人和羅馬公民。面對著希羅文化的衝擊，猶太主義的對抗和傳統信仰的影響，加上羅馬帝國主義的威脅進入和佔據每個人的生活空間；身為猶太人和羅馬公民的宣教士保羅，寫信給住在羅馬（帝國勢力中心）的猶太與外族信徒。保羅和他們分享宣教異象與策略，並以羅馬為宣教據點對比羅馬為帝國勢力的中心。另外，保羅宣教的雄心大略，也對比了羅馬帝國的雄心大略。可見，羅馬地點的重要性不容忽視。

曾思瀚博士以宣教作為整本羅馬書的解讀取向，並引進羅馬帝國為背景來詮釋羅馬書；其解釋成果極其重要，值得讀者一再深思。福音成為人類惟一超越時空的大好消息和真正盼望。惟獨福音能夠實現種族合一的理想。因為惟獨聖靈的能力所產生的新人類，才能擁有真正的新生命，並且展現美好的新生活。在表面上，羅馬帝國似乎以領土的擴展，完成這項理想；但在實質上，只有福音才能將這項理想付諸實現！

在修辭解經方面，曾博士把他博士研究時的「口述與修辭」心得，應用在羅馬書的解讀上，實在又是一番新貢獻。透過這種研究，讀者能夠更有效地掌握整本書的主要內容取向與中心思想。在配合正確的解經架構和結構的修辭高潮之同時，詮釋者的思路將更加清楚；而作者與讀者之間的溝通，也將更加順暢。經文前後的彼此呼應，充分地展現文本的生命與活力！

最後，曾思瀚博士在書中附有一些他在哥林多旅遊時所拍攝的照片。這些照片一方面使讀者對當代的宗教文化，有更實際的認識；另一方面也幫助讀者更具體地想像當時宗教文化對一般人民的生活影響。

筆者在讀完曾思瀚博士整份稿件後，不得不由衷佩服曾博士學問的淵博。他深入地掌握近代的學術研究，並且有智慧地融合這些不同取向的學術成果。他為讀者提供一個整全一致的解經策略，對華人教會的貢獻實屬難得。本書是羅馬書研究不可或缺的重要詮釋書。

# 陳佐人序

在漫長浩瀚之羅馬書接收史中，我想我是屬於那些「將保羅變成馬丁・路德（Martin Luther）或加爾文（John Calvin）」的人，故此我是本書最理想之讀者，就是作者所針對之受眾。作為序言之作者，我亦成了其中一位最能藉著與本書對話、爭議而最為受惠之作者。當然從口述修辭學來看，讀者均成了聽者，作者成為講者。然而在紛紜之言說中，我們如何能得聽羅馬書之聲音？記憶突然瞬間將我們置身於米蘭之花園：「拿著！讀吧！」，但經過啟蒙與五四的我們，如何可以瀟灑地拈卷而讀？或悉心聆聽老保羅之言？至終米蘭花園的那位言說者杳然，難道餘下的只有維根斯坦式的沉默？

記憶中曾思瀚博士之新作是首本全面引介「保羅新視野」（New Perspective on Paul，或譯「保羅新觀」）之漢語單本著作。執筆之時，有關聖經研究與神學之論爭在大西洋兩岸正鬧得沸騰。本書的出版，縮短了中西聖經研究之時差，肯定會產生更多思辯上的交流與交碰。「保羅新視野」是現時英美聖經研究之熱點，在一片高揚的學理論爭中，無可避免產生高度概括化之尖銳對立：救贖論對立於帝國論式之詮釋學，藉信稱義對立於「證明無罪」，至終是將從上世紀七十年代之桑德士（E. P. Sanders）至近年之賴特（N. T. Wright），對立於路德、加爾文與巴特（Karl Barth）。究竟「保羅新視野」是否成為了另一顆丟在神學家遊樂園中的炸彈？這是系統神學與聖經研究之天然張力。

作為一位改教神學之研究者，容許我先對我的系統神學同僚澄清一點關於羅馬書與改教運動之關係。羅馬書是基督教思想史中的傳奇。從奧古斯丁（Augustine）經路德至巴特，羅馬書被傳頌為一切改革之天書。但許多歷史神學家均愈來愈避免過度戲劇化之歷史描述。從宏觀角度而言，全盤否定傳統之革命論是不足取的。路德與加爾文一方面是繼承了中世紀晚期之傳統，另一方面亦引發了一連串之變革（而最好之變革往往是他們意想不到之結果）。從微觀角度來看，歷史考察則好像是以高能的哈勃（Hubble）天文望遠鏡來偵察火星的表層，層出不窮之細節呈現出具厚度之歷史真相，有別於簡化之傳說。但歷史學家在解構歷史時亦不應忘記自我之解構，宗教改革運動是錯綜複雜，是充滿了「無預期後果」之律，但改教絕非子虛烏有之事。「保羅新視野」固然是衝著羅馬書與保羅神學而來，但卻無法勾銷那教會賴以存立之稱義教義。這教我想起了加爾文在註釋以賽亞書六章的三重聖哉與三一論之關係，他最後採取否定之立論，當然不是指三一論，而是二者是否具有互證之關係。加爾文除了以其註疏作根據外，更指出三一論之基礎應更為廣大，是以遍見於舊、新約中之經文為基礎。同樣，更正教之更正精神是建基於整部聖經以及主流之教父傳統。

從聖經研究至系統神學之間並非一條直線。傑出之改教史學者史達明茲（David Steinmetz）與同僚在十年間不斷力證改教家與聖經註釋之密切關係，但改教家之聖經註釋卻有別於我們之現代釋經。他們之註釋焦點經常不僅是壹段經文之要義，而是我對此段經文的了解如何與教父的相符（或相異）。[1] 因此，以加爾文為例，其聖經註解往往較《基督教要義》（*Institutes of the Christian Religion*）更保守，因受制於寫作方式與註釋傳統。故此，作為舊約教授之路德如何理解羅馬書？作為索邦之子的加爾文如何註釋全部聖經？甚至那位前古典之奧古斯丁如何冥思羅馬書，均絕對不能等同現代意識下的聖經詮釋。正如若有人仍然要將巴特之《羅馬書釋義》（*Der Römerbrief*）視之為一本聖經註釋，那或許只能以巴特式的「不」來回答吧。總的來說，傳統的教父與改教家之聖經釋義與現代意識的聖經詮釋，二者之間不應以前批判期與後批判期來劃分，它們之間具有沉澱與沉積之關係，二者均具同等重要性，一起構成了經文的立體意義世界。

故此，改教運動之精髓與精神是源於整部聖經，甚至不是一種片面分割式之「惟獨聖經」觀，而是基於「能以和眾聖徒一同明白」的正統信仰所解釋而得之教義傳統。在現代語境下書寫的羅馬書註釋，不論是傳統之文法歷史學或「保羅新視野」，其嘗試處理或爭議的是經文意義之層面，而在其註釋之推展過程中，的確會涉及與挑戰教義之層面，但釋經與教義二者之關係，絕不是單向或先後因果式的，而是更像部分與整體之間，不斷互相補充與豐富。

由此觀之，我認為如果「保羅新視野」是觸動了基督教神學的神經，那不是在實質意義上挑戰因恩典藉信稱義之教義，反而是作為一種詮釋典範與方法論上，構成了與系統神學之緊張關係。「新視野」提出以羅馬帝國主義（加上二十世紀之後殖民角度）來解釋傳統之文法與歷史意義，以第一世紀之明顯史實來解釋經文的教誨，以口述優於書寫。最後，賴特提出以現代英語之「證明無罪」來取代現代英語之「藉信稱義」，他更嘗試擴大帝國論之觀點來詮釋所有保羅書信（賴特的這兩點均為本書作者所不同意）。按照曾思瀚博士的用語，「新視野」是一個詮釋模式，是一種對解釋意義之再解釋，即詮釋之詮釋，結果產生的是法國詮釋學者保羅．呂科爾（Paul Ricoeur）所形容的「詮釋之衝突」（conflict of interpretations）。

總觀現代西方神學性詮釋之探討，不論是福音派或自由主義之神學陣營，均大致承認以下之共識：沒有不帶前設之詮釋，亦沒有不帶原罪之詮釋。前者強調詮釋者自身觀點之必需性，後者強調詮釋者之有限性（或易錯性）。基於此種神哲學觀點，系統神學思維者應對「保羅新視野」提出一種善意之提醒，「保羅新視野」固然具有對話夥伴之合法身分，但卻不具有全稱之理論地位。另一在北美衍生之神學小論爭是芝加哥學派與耶魯學派有關聖經敍事體之詮釋，我所認同的芝加哥學派堅持註釋經文之神學必需性，純敍事體的詮釋無法支撐龐大的基督教教義架構，而純文本與純修辭學的釋經已帶著本身之神學前設。總之，聖經的意義世界是沉積而深厚，不容輕易被壓縮。更進一步，聖經之神學性意義世界與其文本之間是「不可分離但可區分」，意思是歷史、文法與考古的詮釋是基礎性但卻不具有決定性。事實上，從現代詮釋學的角度來看，聖經研究與系統神學二者均是一種詮釋活動，無分先後或優先。

如何協調聖經研究與系統神學之間的張力，是一個漫長但具盼望之過程，而曾思瀚博士之新作正是促進此種盼望之力作。作者之論述經常流露出一種挑戰：植根於敬虔華人教會之背景，卻又致力調和學術研究與時代精神，故此行文有時帶有熱情甚至激情。他努力要追尋羅馬帝國時代之保羅，最後呈現的是一種藉著穿透歷史而超越歷史之信念：「綜觀人類歷史，多少英雄偉人嘗試建立新的世界秩序，他們的努力至今蕩然無存。但保羅的話語卻依然佇立！」昔日之米蘭花園已湮沒，但那永恆之言說者依然說話，但願此書使更多信徒成為真正聖言之聆聽者。

是為序。

註釋：

1 David C. Steinmetz, *Calvin in Context* (New York: Oxford University Press, 1995).

# 自　序

我一直堅守「每一項企劃的完成，都是團隊共同努力的成果」的座右銘。顯然，本書就是一個最好的例證。我誠摯地感謝海外神學院的所有同仁（包括教職與非教職同仁）。沒有他們勤勉的工作，我絕對無法如此快速地完成本書（或任何一本書）。因為在繁忙的行政事務之外，我還有無休止的演講授課和一連串的寫作合約。他們不但使海外神學院的轉接過程變得容易許多，更細心體諒地給予我足夠的空間，讓我和家人一起為我岳父的去逝哀慟。沒有他們，我不可能完成本書的著作，遑論其他數本正在出版中的作品。我的寫作「速度」與來自所有同仁的大力協助，直接成為正比。像這樣的團隊，不啻是上帝所賜的上好禮物。這些同仁展示了上帝的國度，因為在其中所有不同恩賜的運用，都為了完成一個共同的目標：為上帝的事工裝備聖徒。他們的合一，成為海外神學院每一位學生的榜樣。我實在珍愛我所有的同仁！

我感謝我的摯友和我在雪菲（Sheffield）時的鄰居戴彼得（Peter Day）博士。他是雪菲大學一位非凡的米諾文明考古學家。他慷慨地開放他在哥林多的房子，使我有一個豐富又美好的春假。他和他可愛的妻子莉娜（Lena），還有兩個男孩馬科（Marko）與安德烈（Andres），一方面讓我和家人自由地探勘和研究古老的哥林多，另一方面也為我們提供周到的招待。

多年以來，我不斷地向瑪格麗特．李（Margaret E. Lee）博士學習獲益。她的口述研究不但激發我的思想，並且從我博士研究的時期開始，就對我有持續的影響力。李博士長期以來耐心地與我對話，使我不僅在解讀保羅書信方面，更在整部新約聖經上，獲得不少全新的觀點。另外，前任非洲聯合聖經公會翻譯顧問、前任新約研究協會口述與聖經翻譯聯合主席，也是現任牙買加北加勒比（Northern Caribbean）大學聖經研究教授約克（Gosnell Yorke）博士，也在口述的議題上廣泛地與我交流。李博士和約克博士在智識方面，成為我重視口述詮釋角度的兩大支柱。

我感謝我在雪菲進行博士研究時的同學，也就是現在任教於達拉斯神學院（Dallas Theological Seminary）的范特（Joe Fantin）博士。他與我在羅馬帝國主義方面的交流，給予我許多正面的刺激。而羅馬帝國主義正是他博士論文的研究題目。他為本書提供許多有益的意見，使我在撰寫本書時，更努力思考我所嘗試表達的內容。他對於華人事工的關心，也使我們在畢業多年後仍然保持非常親密的情誼。在相同的修辭學研究領域中，這三位同行都各有特別的貢獻。我相信在未來無數的「聖經文獻學會」（Society of Biblical Literature, SBL）中，他們的陪伴將繼續成為我的祝福。在我嘗試教導他人時，他們成為我「博士後」的導師。

我必須向我從前的博士研究指導教授馬特洛克（Barry Matlock）博士致謝。他從我是一個博士研究生時，就力勸我參加每年聖經文學年會中的「保羅與政治」討論團體。他至今仍然繼續在保羅與政治方面與我對話。

我誠摯感謝新加坡神學院和環球聖經公會的黃朱倫教授。他為我撰寫序言，我十分感激！他推廣我的著作不遺餘力，給予我莫大的幫助。我感謝西雅圖大學的陳佐人博士，他是一位改革宗傳統的牧師－學者。他為我撰寫前言的親切，令我感激不盡。

我也必須感謝海外神學院的學生，以及我曾經教過的其他神學院學生。這些學生在許多曲折與熱烈的討論中，忍耐我對於羅馬書的好奇與探究。他們的問題教導我認知教會的需要。我從他們的問題中所蒙受的益處，遠超多年來我以平信徒和按立牧師的身分，在各教會講道的所得。

我過去的兩位學生蕭淦瑩姊妹和李艷芝姊妹，特別值得在此一提。她們兩位一直在華人移民中間，進行極為艱難的城市事工。她們堅韌不拔的事奉精神，成為眾人的好榜樣。她們對於無法享受適當權益的移民所具有的憐憫心腸，充分展現保羅關乎宣教挑戰的心意。藉著她們從基層做起的努力，她們嘗試突破許多轄制都市貧民的堅固營壘。我誠摯地將本書獻給這兩位優秀的年輕姊妹。

我也要感謝基道出版社的蔡錦圖先生。雖然他僅僅看過我的羅馬書引言，卻在整個寫作過程中，對我賦予極大的信心。我尤其感激他將一些自己在哥林多旅行時所拍攝的照片，放在本書中與讀者一起分享。他的慷慨使得本書更加生動有趣。

我最要感謝的是吳瑩宜姊妹。她已經為我翻譯許多著作。她不動搖的忠誠和友誼，成為我短短幾年學術生涯的極大幫助。她不但翻譯和校訂我的著作，更與我在神學院的講課互動，以使羅馬書的著作能夠更加完全。她所提出的問題和討論，幫助我準確地闡釋我所要表達的意義。

我真誠地感謝我的妻子若蘭，她總是不斷地教導我，學習基督徒自由和恩典的真義。我仍然在向她學習。許多時候，我從婚姻中所學習的神學，遠較我所受的正式教育來得更多。更值得一提的是，當我們在哥林多停留時，她拍攝了許多哥林多遺址的照片。其中有許多照片出現在本書中。我的兩個男孩（煥之與煥者）也繼續挑戰我，如何真實地將上帝的恩典應用在我和他們的生命中。煥之出現在哥林多遺址的以拉都照片中，顯示甚至在我從事研究時，我的孩子對我仍然非常重要。我的父親曾霖芳牧師，總是鼓勵我愛慕羅馬書。而我的母親則時常為我禱告，她祈求我對於學術研究的喜好，總不要超過我對於上帝和人的真愛。他們兩位值得我至高的尊敬。

當我被上述所有卓越友人包圍時，我看見上帝的恩典豐盛流露。在二〇〇七年聖誕佳節本書最後完稿的時刻，我再次默想保羅的信息，並且讚歎上帝藉這些友人所彰顯的美善；我不得不說羅馬書所隱含的信息，被約翰啟示錄中的天堂詩班清楚地吟誦出來：「世上的國，成了我主和主基督的國。他要作王，直到永永遠遠。」（啟十一 15）

願榮耀歸與上帝！

# 目　錄

# 為甚麼我們需要「另一本」羅馬書註釋？

羅馬書是一本偉大的書卷，它曾經影響奧古斯丁（Augustine）、馬丁·路德（Martin Luther）、加爾文（John Calvin）、衛斯理（John Wesley）、巴特（Karl Barth）等多位知名的神學家。因為羅馬書對教會歷史的巨大影響，我在尚未開始英國雪菲大學聖經博士研究之前，即對羅馬書極為醉心。在英國攻讀博士的三年內，我涉獵的範圍遠遠超過我的論文主題加拉太書。其中一個主要的研究興趣，就是口述與修辭（orality and rhetoric）。可惜的是，我無法將這些理論帶進加拉太書的論文寫作中。然而，我很幸運地能在後來將這些理論融入我另一本加拉太書的著作中（《加拉太書——接受救恩、活出自由》，明道社，2007）。在我畢業之後，我也有幸能夠進入羅馬帝國主義（Roman imperialism）的研究領域。我對是否再增加一本羅馬書註釋深感猶豫，因為坊間已有許多佳美的羅馬書著作。然而，我深深肯定綜合數種不同的角度來研讀羅馬書，必能為羅馬書帶出另一番新鮮的領受。因為羅馬書就像一顆鑽石一樣。如果我們只從一個角度或觀點來觀察它，那麼我們將錯失它多彩的光輝。如此說來，我們必須由所有的角度來發掘它的榮美，愈多愈好。我最近進行的保羅書信寫作，引發我撰寫羅馬書註釋的動機。另外，釋經講道的經驗讓我體會，在沒有充分了解信息的「如何」（how）與「為何」（why）之前，聽眾無法明白信息的「內容」(what)。我盼望本書不僅闡述羅馬書的字義，更能觸及羅馬書的精義。本書由一個胸懷牧養與事奉心腸的研究者所寫。更具體地說，我目前以長老的身分在 Reformed Church of American (Dutch Reformed) 事奉；這個角色時常驅動我採取適切的方式，將所有的研究應用在現代與永遠「改革」(reforming) 的教會中。我希望本書能夠達到下列的目標：縮小華人教會在學術研究、聖經研究與講台信息之間的巨大鴻溝。

在教導與傳講羅馬書多年之後，現在應該是我將一貫用來詮釋羅馬書的諸多理論，綜合在一起的最佳時機。然而，本書的主要目的並不在於純理論的探討。本書嘗試使用簡單又易明的方式，將理論應用在羅馬書的解讀。因此，本書並不專為神學家或神學生而寫，乃以一般「平」信徒為寫作的主要對象。許多人對羅馬書有一種恐懼感，因為他們誤以為羅馬書的生活應用只出現在十二至十六章。但愈讀羅馬書，我愈發現羅馬書的每一部分，都有當下即可應用之處。如此說來，羅馬書絕對不只是一本教義書卷！

這封致羅馬教會的書信，曾經使許多保羅學者著迷與受挫。如果教會歷史就是解經歷史的話，那麼對於教會歷史的理解，將使人從過去的學習拓展未來的方向。基本上，從教會歷史可以歸納三種詮釋羅馬書的主流解經法。這三種解經法分別是神學解經法、歷史式解經法與修辭式解經法。神學解經法的優點，在於關切當時教會的應用性，但它卻有將保羅變成馬丁·路德或加爾文的缺點。另外，歷史式解經法重視一世紀的問題，因此展現背景考慮的優點。然而，它也無法脫離帶著主觀成分的缺點。最後，修辭式解經法根據羅馬書的架構，深入觀察文本的「甚麼」(what)、「為甚麼」(why) 和「如何」(how)。因此，展現接近文本與作者用意的優點。然而，詮釋者所選擇的架構，將不可避免地影響解經的結果。

幾乎每一本羅馬書註釋都有自己獨特的解讀角度。本書嘗試以修辭－口述（rhetoric-orality）的創新方法，來補充一些由比較傳統的社會－歷史背景（social-historical backgrounds）解讀羅馬書的註釋。儘管這個創新的解讀法看似新奇，甚或使平信徒望而卻步；但本書的詮釋方式，絕對不會使羅馬書的解讀複雜化，反而會使其變得更加容易。

本書的研究將由古代書信的寫作技巧與修辭慣例，來尋找詮釋的線索。尤有甚者，新視野角度（New Perspective，或譯「新觀」）有關保羅的創新研究，實在不容資深講道者忽略，因為這個角度徹底改變了保羅研究的神學景觀。[1]

為甚麼我們需要另一本羅馬書註釋呢？現今的學術著作，誠然已為讀者提供不少豐富的解經資料。其中以注重原文研究的馮蔭坤博士和鮑會園博士的著作尤其著名。[2] 本書絕對不能取代這些可敬的中國學者的著作。相反地，它補充並向這些著作致意。根據最新近的學術趨勢，我深感過去的註釋仍欠缺重要的歷史背景資料一環：羅馬是帝國勢力的中心。這個背景代表一種「新視野」後的解讀角度，不容羅馬書詮釋者輕忽。[3] 本書秉持讓讀者容易理解的宗旨，因此我將註腳的引用局限於和本書最接近的例證與討論。如此，本書才不會被諸多的註腳學術資料所充滿。對這方面有興趣的讀者，應該參考逐節註解的羅馬書註釋（exegetical commentaries），因為在本質上，這類書籍就是學術講論與分析的最佳參考。在我的經驗中，逐節註釋的資料雖然較具專門性，但仍顯得不夠。惟有當正確的解經架構與假設成為經文的基礎時，經文才會展現生命與活力。

在導論中，我將討論為何讀者應該根據羅馬帝國的背景和羅馬的地理位置，來解讀羅馬書。羅馬的地理位置之所以重要，乃是因為它在保羅宣教的雄心上，所佔有的策略性地位。有關這方面的觀察，將在後文更詳細討論。另一個解讀羅馬書的重要考慮，就是保羅寫作羅馬書的哥林多城。本書附載一些在哥林多所拍攝的照片，以使羅馬書的例證更加整全。

另外，本書還會討論有關口述社會的理解，將如何為當今讀者帶出合乎一世紀背景的文本解讀（context-specific reading）。雖然許多羅馬書註釋具有濃厚的神學色彩；但本書嘗試在仔細運用寫信的技巧和原則（epistolography）、耳聽接收（aural reception）與帝國背景的方法之後，才為羅馬書帶出神學結論。在眾多的羅馬書著作中，只有兩本與眾不同。這兩本分別是朱厄特（Robert Jewett）的龐大鉅著和賴特（N. T. Wright）普受歡迎的羅馬書註釋。[4] 過去許多極好的註釋書，都未能針對這些重要議題提出討論；不過，用宣教征服羅馬的主題，並非新鮮的觀念。四世紀的基督教寫作（《安波羅修註釋》〔*Ambrosiaster*〕）已將保羅的宣教視為征服外邦首都羅馬的行動。[5]

註釋：

1 有關這方面的深入研究，參 Bernard Byrne, "Interpreting Romans," in *Interpretation* 58 (Jul., 2004), 241 ～ 252。

2 馮蔭坤：《羅馬書註釋》，卷一～卷四（台北：校園書房，1997）；鮑會園：《羅馬書》，卷上～下（香港：天道書樓，1994）。

3 我並不認為新視野學者之間具有一致的共識，但他們多數以猶太教與律法為主要議題。新視野運動的最主要貢獻在於，更嚴肅地看待保羅的猶太背景。

4 Robert Jewett, *Romans: a Commentary* (Hermeneia: Augsburg Fortress Publishers,

2006)· 雖然我很喜歡賴特的理論，但他著名的神國故事，卻僅是複雜的新約世界之一部分。參 N. T. Wright, *Romans* (Nashville: Abingdon, 2002); N. T. Wright, *Paul for Everyone: Romans*, 2 vols. (London: SPCK, 2004)。

5 Gerald Bray, "Ambrosiaster," in *Reading Romans Through the Centuries: From the Early Church to Karl Barth*, ed. Jeffrey P. Greenman and Timothy Larson (Grand Rapids: Brazos Press, 2005), 25.

# 第一章

# 導論

毫無疑問地，學者一致同意保羅是羅馬書的作者。在內證的考慮上，羅馬書順利通過以下四項考驗：

第一，羅馬書彈性使用字彙的次序以帶出強調，這種筆法正是保羅的語言特徵。

第二，羅馬書對於預表的使用，合乎猶太人的寫作風格。而保羅正是一個猶太人。

第三，羅馬書混合希伯來文與希臘文的文學技巧，純粹是保羅的特徵。問安就是一個典型的例證。例如，「恩惠」一字，與希臘文的「問安」具有相似的發音。因此，保羅使用這個字再加上希伯來文觀念中的平安，來傳遞他的神學問安。可見，保羅雖然是一個十足的猶太人，但他心中所關切的卻是外邦人。

第四，羅馬書的神學與保羅其他書信的神學非常相近。諸如猶太人與外邦人的合一、未來的末世觀、律法與贖罪救恩論等，都是保羅的重要神學觀。在內證之外，許多早期教父也引用或確認羅馬書出自保羅之手的事實（1 Clem. 32.2；Ignatius of Antioch, *Eph*. 19.3；Magn. 6.2；9.1 等）。

在簡要證明羅馬書是保羅的作品之後，我們應當對保羅的歷史背景有些了解。因為篇幅有限，所以下文只能概略勾勒保羅生活時的歷史背景。

保羅的生平年日根據，大致是從迦流的碑文而來。迦流的名字曾經出現在使徒行傳十八章 12 與 17 節。[1] 如果讀者對保羅的生平年代有興趣，那麼學術性的新約聖經導論教科書，將是極好的參考資料。大體來說，保羅在公元三十五年左右信主。跟著，在公元三十七年左右（徒十三章）踏上第一次宣教之旅。保羅在這段時期（公元三十五～四十六年）的主要活動，大多數集中於基利家－敍利亞（Cilicia-Syrian）地區。公元四十九年左右，保羅寫了加拉太書；不久之後，他展開第二次宣教之旅。大約在此時，革老丟（Claudius）皇帝將猶太人（尤其是猶太基督徒）逐出首都羅馬（十五 40 及以下，十八 2；另參 Suetonius, *Claudius* 25.4）。[2] 保羅在公元五十年左右也撰寫了帖撒羅尼迦前後書。當革老丟皇帝在公元五十四年駕崩後，尼祿（Nero）接續皇位，並允許所有猶太人返回羅馬。保羅的第三次宣教之旅，繼續在革老丟政權末期與尼祿政權初期之間進行（公元五十二～五十七年）。就在這個時期，保羅寫了羅馬書。換言之，保羅在公元五十五至五十六年宣教遠至馬其頓時，首先寫了哥林多前後書。而後，在公元五十七年冬季時，保羅停留在哥林多三個月（羅十五 25 ～ 26），並寫了羅馬書。末了，為供給母會的需要，保羅回到耶路撒冷。以上就是保羅寫作羅馬書時期的生平一瞥。

另外，這段時期也有一些重要的社會影響，應被列為詮釋羅馬書的部分考慮。尤其重要的是，保羅撰寫羅馬書的哥林多背景。許多註釋者常犯引用羅馬意象的錯誤。他們忘記保羅當時尚未到過羅馬。其實與羅馬書更相關的是，那些存在於保羅宣教地區的明顯問題。這些地區包括小亞細亞與希臘，其中又以哥林多最為特別。事實上，哥林多是保羅寫信給羅馬教會的重要背景。而哥林多的背景也充滿濃厚的羅馬帝國題旨。例如，一世紀的錢幣印著下列的拉丁文："*Colonia Laus Iulia Corinthiensis*"（哥林多是被凱撒大帝重新建立的羅馬殖民地），就具有強烈的羅馬帝國味道。明顯地，這些錢幣的發行，與紀念公元前四十四年凱撒大帝建立哥林多的殖民地位有關。[3]

總的來說，保羅深受當時歷史與社會的影響。直至他撰寫羅馬書之時，他大部分以安提阿，有時也以耶路撒冷為他宣教的落腳處。保羅以扇形的方式由這些地方展開宣教事工，從東部的小亞細亞最後進入希臘半島。保羅的進展雖然漸次，卻非常積極。保羅也是一個深具策略的旅行者，他總是以主要的大都會中心為重點。毫無疑問地，保羅想要在全世界實現他的宣教雄心。既然保羅的福音宣教，已經征服東方大部分地區；對保羅而言，現在正是向羅馬以至西班牙這些肥沃地土前進的大好時機。[4]可見，羅馬書是源自保羅的宣教目標。

## 羅馬書與其他保羅書信的關係

羅馬書與其他保羅書信有許多相同點，但也有一些相異點。讓我們先來觀察它們的相同點。

第一，保羅的問安極為定型。其中惟獨教牧書信與眾不同，因而導致一些學者懷疑，教牧書信是否真正出自保羅之筆。

第二，貫徹整部羅馬書的恩典觀念，亦以概念、字彙或兩者兼具的方式，出現在所有的保羅書信中。

第三，福音宣教的普世性，也是許多保羅書信的明顯主題，它甚至出現在極受爭議的以弗所書（弗二 11 ～ 18）。

第四，除了監獄書信具有實現末世觀（realized eschatology）的特徵之外；羅馬書與其他保羅書信（羅九～十一章；林前十三 9～12，十五 12 及以下等）都具未來末世觀（futuristic eschatology）的特徵。

在相同點的簡明討論之後，我們必須探討它們的相異點。而觀察相異點的最佳對象，就是加拉太書。傳統以來，許多詮釋者將加拉太書視為羅馬書的神學前導，因為它也包含稱義的討論。表面看來，這兩書卷的確具有相似的主題，所以許多詮釋者想要將兩者一併解讀。但實際上，羅馬書與加拉太書大異其趣。加拉太書不但包含自傳與護教的內容，並且帶著強烈的爭辯語氣。然而，羅馬書卻完全不具這些特徵。[5] 如此說來，羅馬書與其他的保羅書信幾乎完全不同，因為保羅根本從未訪問過羅馬教會（羅一 13）。羅馬書的另一特點，就是九至十一章對以色列與教會的大量討論；保羅甚至將其稱為「奧祕」（十一 25）。[6] 如果這個奧祕真是如此重要，為何保羅沒有在其他的書信中，提出它的重要性？本書將在後文解釋這項討論的必要性，因為它與羅馬書的背景緊密相關。扼要來說，理解保羅書信之相異點的主要概念，與修辭的情境（rhetorical situation）有關。換言之，保羅試圖使用不同的教義觀點，來說服身處不同情境的讀者，以激勵他們產生不同的行動。

## 讀者與作者用意

羅馬書的讀者是一羣「在羅馬為上帝所愛」的聖徒（羅一 7）。而羅馬書的末了問安，更讓我們看見羅馬教會的信徒具有非常廣泛的背景。更有趣的是，保羅從未見過羅馬教會的讀者，但羅馬書卻包含一段最廣泛的問安。當然，在羅馬商人流動頻繁的情況下，保羅非常可能個別認識羅馬教會的一些基督徒。更何況保羅時常到處旅行，因此他的網絡必然遍及整個羅馬帝國。

現在讓我們進入作者用意（author's intention）這個更為複雜的議題。研究羅馬書的學者對於作者用意的看法，基本上可以分為兩類。第一類學者認為羅馬書針對特定的理由而寫，而第二類學者則認為羅馬書純粹是一卷與歷史情境無關的神學專著。[7]那麼，到底哪種看法比較合理？理所當然地，就像其他的新約書信，歷史背景必須被包含在解讀的考慮中。尤有甚者，我們可以藉著三種方法來探索作者用意。本書對於羅馬書每個部分的詮釋，都將或多或少與這三種解讀方式有關。就是說，解讀羅馬書不應該離開三重的釋經模式（three-fold interpretive paradigm）。這個三重的釋經模式可見如下。第一，作者可能對自己的寫作情境，帶出明顯的陳述。第二，由保羅書信的結構，讀者可以輕易地發現保羅的寫作用意。第三，綜合觀察生活在羅馬帝國下的讀者背景、作者的明顯陳述和書信的結構，可以使讀者全盤了解羅馬書的目的。下文將針對這三種方法提出更詳細的解釋，其中尤以第三種方法為強調。[8]

第一，保羅在羅馬書多次表明他定意拜訪羅馬的心意。保羅切切地想見羅馬教會的信徒（羅一 11）。他希望與羅馬教會建立關係，主要因為他需要羅馬的教會成為他前往西班牙宣教的基地與跳板（十五 28）。保羅最後是否抵達西班牙並不重要；重要的是，保羅的目的是要經羅馬到西班牙。為甚麼保羅要使用羅馬作為他進攻西班牙的落腳處呢？第三種解讀羅馬書的方式，將為我們提供部分的答案。

第二，保羅書信的形式清楚地肯定了保羅的目的。新近的新約聖經研究發現，保羅寫信的結構有許多相似的特徵。在保羅書信的前言方面，前言必須清楚簡明，以擷取聆聽者的注意力。如此說來，前言或是揭示作者的用意，或是預備聆聽者接受書信的內容。同樣的觀察，也可適用於結語。因為結語具有提醒聆聽者，不要忘記作者的主題與用意的目的。如果作者用意出現在前言與結語中，那麼書信的主體，必須在每一點上與這兩個段落連結。更確切地說，在極少的例外之下，前言與結語為保羅所有的信息，創造了首要的詮釋架構。一般而言，每一個現代保羅詮釋者，都會因全心注意前言與結語的特徵觀察，而獲得解經上的極大好處；因為在大多數的情況下，保羅書信的主題都與前言或結語有一些主題上的連結。由一章 1 至 17 節的前言和十五章 14 至 33 節的長篇結語，保羅清楚地陳明他宣教的目的。至少保羅在書信寫作的結構上，可以讓詮釋者看見書信的宣教焦點，以及保羅想要停留羅馬以便展開西班牙宣教的心意。

## 寫作日期

一般學者對於羅馬書的寫作日期，並無太多爭論。出現在羅馬書結語的哥林多基督徒（例如羅十六 24 的以拉都），將羅馬書的寫作日期，清楚地放在保羅的哥林多宣教旅程之後。在十五章 26 節，保羅提到他所停留的地方是馬其頓和亞該亞，因此也將保羅的寫作日期明確地限定在公元五十六年的冬季月份或五十七年的初春時期。最有可能的是保羅當時停留在哥林多，因為冬天的氣候非常不適合海上旅行。

## 寫作風格

在寫作風格方面，保羅顯示自己是一個具有多重文化與教育背景的作者。學者已經指出以散居猶太人的歷史資料，來理解保羅風格的方向。在十九世紀末與二十世紀初，學者也注意到保羅受希臘影響所流露的寫作風格。在注意保羅受希臘影響的同時，我們必須記住保羅是一個猶太人。他的寫作明顯流露猶太人的釋經法，和以約為中心的神學觀。他的寫作也顯示，他非常關注散居猶太人的倫理議題。

另外，對保羅寫作具有最重要影響的，當屬記載在使徒行傳九章的保羅信主經歷。保羅在大馬士革路上的經歷，使他在瞬間的啟示中，對基督與律法的理解完全改變。他戲劇性地由逼迫基督徒的狂熱分子，轉變成一個倡導不受律法限制的福音的和平使者。如此地，保羅顯示他隨著耶穌的信仰腳蹤行。

雖然許多人針對保羅的律法觀大作文章，但保羅絕對是一個熟讀舊約聖經的人。他是一個希伯來人所生的希伯來人（腓三5），因此相當熟悉希伯來聖經。更具體地說，保羅使用《七十士譯本》（Septuagint，簡稱 LXX）及其多種修訂本。《七十士譯本》的成書日期大約在公元前三世紀。傳說當時的埃及王托勒密二世（Ptolemy Philadelphia，公元前二八五～二四六年）要放一份舊約聖經抄本在他的亞歷山太圖書館，因此導致《七十士譯本》的產生。很有可能保羅時代所使用的《七十士譯本》，已經不再是原始版，而是經過多次演變的修訂本。因為保羅的一些舊約經文引用，既不符合希伯來文的舊約，也不像來自希臘文的舊約。如此說來，保羅擁有許多套不同的舊約聖經抄本。他所擁有的不僅是我們所知道的希伯來聖經和《七十士譯本》。這項觀察也讓我們看見，還有許多影響保羅的早期教育，可能是我們永遠無法得知的背景資料。事實上，現有的羅馬書文本，是我們惟一有把握的資料。至於其他的背景，我們也只能廣泛地帶出一般性的評估。

除了從社會影響來觀察歷史的保羅之外，羅馬書本身也為我們提示一些影響保羅的其他因素。我們幾乎可以肯定，保羅對一般的舊約聖經相當熟悉，羅馬書更是大量地引用創世記、以賽亞書與詩篇等書卷。有些學者認為，保羅一定有收集一些他最喜愛的舊約聖經書卷。另一個同樣可信的理論認為，保羅的教育幫助他記住不少舊約經文；尤其是那些對散居的猶太人特別具有意義的經文。例如，充滿上帝基本應許的創世紀，顯示以色列未來復興的以賽亞書，還有成為各地會堂敬拜之基礎的詩篇。如同前述，保羅非常喜愛耶穌的教導。尤其重要的是，羅馬書十二章與登山寶訓有許多相似之處。可見，保羅的倫理觀與耶穌基督的幾乎相同。簡而言之，羅馬書的作者保羅，是一個受到多方面影響的人物。還有許多寫作風格的議題值得討論。但目前我們只要將議題，分為體裁與神學特性兩單元來討論就夠了。

## 羅馬書的體裁

「書信」是羅馬書的體裁，但這個確認並沒有為我們帶出太多具體的幫助。關於體裁，比較好的問題應該是：「哪一種書信？」本書的最後分析顯示，羅馬書具有推薦與信仰聲明的要素。換言之，保羅藉羅馬書仔細教導在羅馬的教會，以激勵他們更有力地生活在福音的真理中。由於書信本身具有解決不同問題的功能，因此所有的書信寫作都各具獨特的社會目標。可見，從體裁的角度來看，書信的功能乃是為了解決問題。另外，根據奴隸的名字在結語問安的出現次數，我們相信羅馬書是一封以直線進行的演講格式，來向中下階級聆聽者宣讀的書信。保羅當然也藉著他的信息推薦自己。如此說來，保羅代表信息，信息也代表保羅。更具體地說，羅馬書具有兩個目的：推薦保羅的宣教，以及教導一種正面的福音選擇。羅馬書的體裁的確獨特，因為實在沒有一種完全的方式可以描述它。它的長度與內容為它帶出多重描述的可能性。不僅它的體裁獨特，羅馬書的主題也非比尋常。

## 獨特的基督論——基督是末後的亞當

羅馬書的基督論和保羅其他書信的基督論有許多相似的特徵，但它也以一種非常突出的方式與眾不同。保羅使用亞當基督論（Adam Christology），來描述耶穌的事工。這與在當時已經成為部分教會傳統的福音傳統極度不同。在福音書中，人們還在質疑耶穌是基督的身分問題。但在保羅書信中，耶穌是基督已是確立不變的既定事實，以至於基督就是耶穌的同義字。保羅的亞當基督論清楚顯示，他如何由跟隨耶穌的其他使徒對耶穌的認識，更深層地建立他對耶穌的觀念。

雖然亞當也出現在哥林多前書十五章，但保羅在羅馬書五章使用亞當的方式非常獨特，與哥林多前書十五章的用法截然不同。這兩段經文都有救恩論的主題。它們也是保羅同時期的著作。但它們卻各自帶出不同方面的討論。在針對哥林多信徒死亡的問題上，保羅以哥林多前書十五章的末後亞當，為信徒帶出新創造與新形體的盼望。而羅馬書五章則對照，犯罪的舊創造與在基督裏得贖的新人類。更確切地說，羅馬書五章所針對的，乃是人類死亡的屬靈、肉體與末世涵義。[9] 大體來說，羅馬書五章對於亞當的使用，比哥林多前書十五章來得更為負面。

羅馬書比較偏向的觀點，是一種將世人與亞當歸類在一起的看法（solidarity），認為所有的人都犯罪，因為亞當首先犯罪。根據五章 12 節強調行動的上下文，罪人與亞當和死亡無法脫離關係。畢竟，希臘文的五章12節是以不定過去式動詞（aorist verb）談論罪，因此強調罪的行動。因為五章17節明指基督的義，對所有屬基督的人具有集體的效力。這個全體人類的觀念，也與保羅向全體人類宣教的心志相符一致。保羅嘗試以元首的觀念，帶出基督和亞當的相似性，但他卻沒有像立約觀一樣將他們看作預表的元首。

毫無疑問地，這個獨特的基督論也是針對羅馬帝國的廣泛社會背景而提出的論述。基督的義不但有功效並且完全，它也可轉移給教會。儘管羅馬統治者費盡心思想要建立公義的社會，但他們的結果仍然離開理想甚遠；因此導致許多羅馬道德哲學家的吶喊。相反地，教會的新人類所流露的基督，遠比羅馬體制優越許多。如此說來，具有義的地位之教會，能夠表達更深一層的義；因此成為不完美人類制度的更優越選擇。在保羅的宣教方面，亞當基督論也帶出一種救贖歷史的觀點；換言之，上帝的工作在基督裏達到高潮。

## 以色列的獨特角色──以色列是種族合一與救贖歷史的媒介

羅馬書的以色列扮演著極為獨特的角色，因為它從來沒有在保羅的其他書信中扮演如此突出的重要角色。在過去，大多數註釋者對羅馬書九至十一章的確切信息深感棘手。這種掙扎的背後原因，與解讀羅馬書的方式直接相關。因為許多註釋者是帶著改革宗的神學立場解讀羅馬書。實際上，雖然以色列的角色具有末世的特徵，但它也強烈表現保羅思想的政治層面。具體來說，以色列的角色在指出保羅的思想世界方面，擁有極大的貢獻。換言之，保羅深信上帝在歷史中的工作，是福音不可或缺的基礎。

從神學的角度來看，保羅在九章 11 節，開始討論上帝對以色列毫無條件的揀選。然後，保羅在九章 32 節討論以色列在信仰上的失腳。接著，在十一章 11 節，因為以色列的過失，外邦人反而蒙受以色列真神的救贖恩典。最後，在十一章的末了，保羅討論以色列未來的得救。可見，保羅由外邦人的應用來看以色列的救贖歷史。過去的註釋常以相反的角度來觀察這段經文。但保羅要外邦基督徒認識，上帝所設計的救贖乃是以以色列，而非外邦人為主要角色。

以色列是一個國家實體。保羅使用這個實體帶出兩種不同的族羣：以色列人與非以色列人。雖然羅馬書的寫作日期，顯示一個外邦人的時代，但以色列卻提供一個更廣泛的圖畫。不錯，許多在羅馬的教會，認為上帝的計劃的高潮點在於外邦人的得救。但羅馬書的神學高潮，卻要到上帝的救贖計劃完全顯明時，才得以實現。而這個救贖計劃的完全顯明，與以色列緊密相連；因為它的救贖歷史帶出耶和華的主權的信息。由這個層面來看，為要傳遞推翻羅馬帝國理念的信息，保羅所使用的以色列雖是一個政治實體，但卻兼含倫理與政治的涵義。[10] 實際上，就像保羅在十一章 17 節對外邦人的描述一樣，外邦人不過是後來的添加或野橄欖；他們並不是主角。我們可以由這個獨特的解讀中帶出許多應用。有關這部分的討論，將留至本書的詮釋部分再談。

至少在現在，以色列歷史的重要性直接對照了影響保羅宣教至深的帝國勢力。保羅的宣教計劃，一點也沒有忽略社會－政治力量的考量。然而，在這個架構中，保羅總是記得上帝掌權的更大圖畫。更確切地說，羅馬書九至十一章的神學和宣教信息就是：上帝掌權！

# 稱義、新生活和律法

除了加拉太書之外，羅馬書包含最多稱義與律法的探討。稱義和與義有關的觀念，大量被使用於保羅的救恩論字彙中。在保羅的書信中，「稱義」一詞大約出現十四次，而「義」的使用更高達五十二次。在稱義、新生活和律法的相同主題上，加拉太書與羅馬書的相互比較，仍會顯出一些突出的對照。儘管加拉太書清楚具有攻擊教會中某種「律法教師」的用意，羅馬書卻包含熱切教導的意味。另外，雖然基督的義對個別基督徒的影響，常常成為一般羅馬書的討論方式；但羅馬書本身的稱義討論卻非由個人層面開始，而是由集體層面開始。三章 22 節的「一切相信的人」，顯然是集體的標準用語。

羅馬書的稱義，具有未來、過去與現在三個層面的涵義。稱義的未來層面出現在二章 1 至 16 節的討論中，而稱義的過去層面則隱含於一章 4 節。最後，稱義的現在層面可見於三章 26 節。賴特認為稱義的未來層面，與從上帝的救贖歷史角度來看審判有關。[11] 尤其是根據末世的未來（eschatological future），審判必定臨到。稱義的過去層面與基督的稱義有關；因為一章 4 節明說，基督從死裏復活，以大能顯明是上帝的兒子。顯然，一章 4 節並沒有明確使用稱義的語言。不過，基督藉著復活而稱義的觀念，卻是完全可能的。雖然基督被羅馬法庭宣判為定死罪的囚犯；但上帝賜給祂從死裏復活的大能大力，因此證明祂的無辜與祂的義。稱義的現在層面則與信徒有關；因為基督已在十字架上承擔罪的審判，因此信徒得以免去上帝的憤怒。如此說來，因在被稱義的基督裏，信徒現在也得以被稱為義。現在的時刻由信徒因信進入「基督裏」開始。更確切地說，上帝的「如今」（羅三 21）在基督裏成為過去，並且還要繼續進入未來。然而，還有一個擾人的問題尚未解決：是否稱義真是羅馬書的中心主題？

許多讀者不自覺地將稱義視為羅馬書的主要焦點。這種看法未必完全準確，因為與「稱義」或「義」相關的大部分字彙，只出現在羅馬書的開頭部分（羅一～四章，九～十一章），並且完全消失在羅馬書的末了部分。如果開頭部分是引導全書的動力，那麼詮釋者或許可以將稱義視為主要焦點。事實上，這種只關注神學目的的角度，已經成為詮釋者觀察羅馬書歷史目的的障礙。正如斯米加（George Smiga）的所言：「只要因信稱義的教義，被當作羅馬書信的焦點，與羅馬背景的關連就很難建立。」[12] 很快地，我們要將稱義與其他觀念連結在一起，因為書信本身必須完整地，而非支離片斷地被閱讀。

那麼，到底甚麼是保羅思想世界中的「稱義」呢？我們可由下列四方面來觀察。

第一，在根源上，稱義來自「義」的觀念。義是由舊約而來的廣泛概念，它的描述包含由上帝的屬性到倫理標準的寬廣範圍。賴德（George E. Ladd）也認為，義具有兩方之間的關係層面。[13] 在其中，我們可以看見上帝的公義。換言之，耶和華在古代的以色列設立一種政治制度，以使以色列人的生活彰顯祂的屬性。

第二，保羅的「稱義」與許多教會對「稱義」的一般了解並不相同。舉例來說，許多教會仍然使用老套的主日學，教導「稱義」是「就像你沒有做過這些不義的事一樣」的觀念。實際上，稱義在集體的層面上，與律法緊密相連。它並不是指人的罪在毫不觸及上帝的公義下，被全然赦免。相反地，稱義是以上帝的公義為基礎，並且被顯明於基督的贖罪之上（羅五 6）。耶穌償付罪的工價，並且為「一切相信的人」而死（三 22）。可見，因基督而來的恩典要加給一切相信的人。注重個人層面的傳統律法架構仍然有用，但集體層面的觀察，應當受到更多重視。

第三，新視野學者由猶太教的角度分析保羅的寫作，他們宣稱保羅時代的猶太教並非以律法為根基的宗教。對他們而言，耶穌的彌賽亞身分是當時猶太教與基督教惟一的相異點。這種觀點背後的邏輯，不僅簡單並且頗引人注意。雖然新視野學者的看法，的確為猶太教帶出較明晰的圖畫；然而，這未必是原始讀者的背景。更確切地說，保羅的羅馬書並不強調為猶太教提供另一種選擇，他所宣揚的福音其實與舊約一致，並且相當符合原始讀者當時的情境。不論新視野對猶太教的看法是否正確；保羅經由稱義和基督徒新生命而來的異象，卻具有極為不同的目標。猶太人的成分的確出現在羅馬書的討論中，但猶太人卻不是保羅所針對的主要對立者（或根本不是對立者）。

第四，與稱義密切相關的議題是律法，因為上帝的義的標準，根基於上帝向以色列顯明的律法。那麼，律法在保羅的思想中扮演何種角色？這的確是一個牽涉極廣的大題目。但目前，律法肯定是保羅倫理觀的倫理基礎。另外，羅馬書五至十一章豐富的舊約引用顯示，律法也為保羅提供救贖歷史的基礎。不過在個人聖潔的推動上，律法的角色必須由聖靈來接替。羅馬書生動地流露出一種張力；因為保羅一方面引用舊約，另一方面又在與肉體交戰時，否認律法的功用（羅七25）。這種張力永遠無法紓解。換言之，保羅認為肉體（即離上帝而活的人）無法靠人的努力來遵行律法。讀者惟一的盼望就是與聖靈的能力連結；因為聖靈將能力賜給得救的信徒，好使他們脫離肉體的律，以至活出屬基督的新生命。如此說來，肉體既然無法順服上帝上好的律法，聖靈就成為上帝解決問題的答案了。按照最後的分析，基督徒藉著基督的身體，一方面在律法上死了，另一方面卻因在聖靈裏而活過來（七 4、6）。上述有關稱義、律法和新生命的討論都與末世有關。若缺乏末世的取向，上述的觀點將成為分割而不具整體性的神學理念。

尤其是在外邦羅馬背景的考慮下，公義的觀念再次成為解讀稱義與基督徒生活的最前列要素。在世人的眼中，保羅渴想的目的地羅馬，正是展現公義理念的中心。羅馬的法律高高在上，是政府對於公民的政治要求。因帝國的背景，公義成為社會高度渴望的品質。羅馬也使用一切可能的方式來尋求公義。然而，即使在最好的情況下，羅馬的公義仍然不完全。當保羅宣揚上帝的義的福音時，保羅希望說服他的讀者，上帝將為這個不公義的世界，帶來真正的公義。保羅的宣教就是實現公義世界的途徑。惟當保羅在帝國的情境中，達到他的宣教目標時，羅馬書的衝擊力量才告結束。

# 主題與結構

## 1. 主題

事實上，上述的討論已經開始了羅馬書的主題介紹。那麼，到底上述的討論如何與「主題」（main themes）產生關連？我將「主題」定義為，那些與作者用意有關的題旨。根據上述討論，作者清楚具有宣教與教導的用意。現在讓我們思考一下，究竟甚麼是同時與宣教和教導相關的主題？

其實答案完全取決於解讀羅馬書的角度。本書認為，前言與結語是書信表達主要觀點的最佳處。以羅馬書來說，我們必須特別注意出現「福音」一字的前言。前言應該成為了解羅馬書意義的特別先例。尤有甚者，第十五章的結語繼續談論保羅的福音宣教，因此肯定了羅馬書的福音主題。前言的末了部分與書信主體的轉接處，應該為讀者提供全書的中心主題。顯然，書信主體的標題（heading），也就是一章 16 至 17 節，應該是提供暗示的關鍵經文。換言之，「福音」一字是將其他主題連結在一起的真正題旨。福音是保羅針對羅馬帝國其他好消息而提出的另一種最佳選擇。雖然「福音」只是屢次出現在第一章，但它卻成為帶動整封書信的主導力量。書信的每一部分必須與福音有關，才會顯出它的準確涵義。

羅馬書的第一部分包括一至三章，顯示所有受罪咒詛的人，都必須依靠上帝所定意的稱義方式。保羅帶出一個凡相信的人就必白白稱義的好消息；但這並不代表恩典是廉價的，因為公義的代價已經被償還了。福音最重要的層面在於，它包容猶太人與外邦人的寬廣範圍（羅三 29）。另外，一章 17 節也將福音的本質定義為「本於信，以致於信」。這個定義的蘊含範圍極其廣泛，乃指得救者由得救開始，並且持續不間斷的生命過程。[14] 當羅馬無法實現種族合一的理想時，保羅的福音為人帶出盼望與肯定。

羅馬書的第二部分包括四至五章，顯示福音早在上帝與亞伯拉罕立約時，就被宣告出來。因此，稱義並非新約的創新發明。它就像上帝起初與人立約的時候一樣古老。亞伯拉罕顯著出現在加拉太書的保羅福音中，他將繼續出現在羅馬書中。由羅馬書的寫作，我們可以觀察到一項強烈的神學傳統：新約的信仰以亞伯拉罕之約為基礎。保羅不但想要顯示福音的舊約起源，更要帶出藉著基督免去亞當之咒詛的大好消息（羅五章）。如此說來，在舊約的角度下，保羅所宣揚的福音具有兩種形式。從正面來看，上帝早已賦予亞伯拉罕應許的種子，如今已經在基督裏實現（四 16）。從負面來看，亞當的咒詛並不成為上帝的問題，因為上帝可以勝過所有人類的失敗。在亞當裏，猶太人與外邦人沒有分別，因為世人都犯了罪。同樣地，在基督裏，猶太人與外邦人也沒有分別，因為福音能夠拯救一切相信的人。

羅馬書的第三部分包括六至八章，針對所有信徒的現今地位提出討論。這些信徒現在都根據福音而活。這部分的六至八章，描述人與律法之間的問題；前文的第二部分，則解決罪與應許的問題。第三部分的六至八章，討論律法與福音的關係；前文的第二部分，則根據稱義的角度，對照律法與應許。保羅更進一步地在第三部分，對照律法與聖靈（Spirit）。接受與經歷聖靈是福音的一部分，因為聖靈不但居住在信徒羣體中，並且給所有信徒新生命。罪的掙扎無法靠遵循律法來解決，因為人的肉體沒有能力行律法。相反地，罪的掙扎必須藉著隨從聖靈的生命才能致勝。可見，聖靈是未來榮耀的先驅。在聖靈裏的生命，將引人進入永恆的生命。羅馬書的第三部分，因此顯示了福音的永恆價值。福音不受時間的限制。藉著居住在信徒心裏的聖靈，上帝為信徒預備了光明的未來。有關羅馬是永恆城市或帝國的宣告，與保羅的福音成為強烈的反照。因為惟獨超越一切人為制度的福音，才能產生真正的永恆價值。

羅馬書的第四部分包括九至十一章，由上帝的救贖歷史，也就是保羅所定義的以色列歷史來看福音。以色列與上帝已經有非常久遠的關係。它的歷史使它具有成為上帝的子民之殊榮與獨特性。然而，由於帝國政策的緣故，有一段時期與羅馬人有別的猶太人，竟然被排除於社會之外。如此說來，難道上帝的話落空了嗎？答案當然是否定的！保羅藉著福音揭開猶太人暫時失腳的奧祕。猶太人之所以暫時被棄，乃是為了讓福音能夠臨到保羅所事奉的外邦人。如此說來，第四部分顯示保羅的宣教，完全符合上帝的救贖歷史。保羅的工作一點也沒有抵觸上帝原有的計劃。對保羅而言，以色列全家的最後得救，將在未來實現。福音誠然沒有將猶太人排除於外，福音也要拯救猶太人。

羅馬書的第五部分包括十二至十六章，實際地彰顯福音如何影響各個層面的關係。保羅藉著福音建立上帝的新子民，但他沒有要求他們脫離世界的國度而活，他更沒有要求他們停止與所有非信徒的關係。事實上，對保羅而言，所有的關係都已經被改變了，因為保羅呼籲基督徒羣體成為世界帝國中的神聖國度。上帝的國度永遠屹立，但人的帝國卻輪替更迭。對保羅而言，好的基督徒羣體，一定會展現積極正面的獨特性。因此，基督徒羣體應當影響帝國中的更廣大羣體。它必須和諧地與人為的制度共存，但卻又不可過度安逸，以致無法對世界產生正面的功效。

總的來說，基於「福音」的修辭標題，羅馬書的綱要可分段如下：

i. 普世的福音（一至三章）
ii. 舊約的福音（四至五章）
iii. 福音的生活（六至八章）
iv. 福音的救贖歷史（九至十一章）
v. 福音的應用（十二至十六章）

## 2. 結構

長久以來，羅馬書的結構種類繁多不勝枚舉。但大體上都無法脫離下列的段落分割點：一至三章，四至五章／四至六章，六至八章／七至八章，九至十一章，十二至十六章。最常見的分段法是把一至十一章與十二至十六章，分成兩個不同的大段落。有些將一至十一章稱為教義或神學段落；而十二至十六章則是教牧或應用段落。然而，羅馬書並不是一封單以教義或教牧劃分，就可以明瞭的簡單書信。到底誰可以設立分段的標準？有些學者遵循古典的修辭綱要（classical rhetoric outline），來設立羅馬書的架構。但我們無法確定保羅是否使用古典的修辭綱要，因為古典的修辭一般用於法庭之上，而保羅的寫作卻屬宗教信函。不論我們採取何種分段，兩大段落的分法已經是既存的標準。而將這兩大段落，再作更進一步劃分的方式不勝其數。分段的主要標準包含人稱代名詞（例如羅二 1）的改變，關鍵連接詞的出現（例如三 21，十二 1），與主題的變化（九至十一章）。依據這些分段標準，得到下列的內容綱要。

**I）上帝的義超越人的義（一～十一章）**

- A）傳信息的人與信息的介紹（一 1 ～ 17）
  - 1）問安與福音傳統的介紹（一 1 ～ 7）
  - 2）保羅的一般目的（一 8 ～ 15）
  - 3）保羅的獨特福音：上帝的大能與義（關鍵經文：一 16 ～ 17）
- B）克服有缺點的人為制度：人的罪行與上帝的義（一 18 ～五 21）
  - 1）人的光景：人的罪行（一 18 ～三 20）
  - 2）上帝的答案：上帝的義（三 21 ～五 21）
- C）基督徒的新生活超越社會的行事方式（六 1 ～ 23）：羣體的角度
  - 1）罪與義的生活方式（六 1 ～ 14）
  - 2）罪與義的行為（六 15 ～ 23）
- D）律法的問題（七 1 ～八 39）

1）人的光景：罪的律與肉體＝道德論（moralism）／律法論（legalism）（七 1 ～ 25）

2）上帝的答案：聖靈的律＝新的界限（八 1 ～ 39）

E）上帝的國度在人的國度當中（九 1 ～十一 36）

1）以色列的過去（九 1 ～ 33）

2）以色列的現在（十 1 ～十一 24）

3）以色列的未來（十一 25 ～ 32）

4）總結的頌詞（十一 33 ～ 36）

**II）教會的公義責任超越「贊助人－被贊助人」的關係（patron-client relationships）（十二～十六章）**

A）對上帝的責任（十二 1 ～ 2）

B）個人關係的責任（十二 3 ～ 21）

1）了解自我（十二 3 ～ 8）

2）親愛眾人（十二 9 ～ 21）

C）公眾生活的責任：愛心與盼望（十三 1 ～ 14）

1）順服在上掌權者（十三 1 ～ 7）

2）常以為虧欠的愛（十三 8 ～ 10）

3）現在與未來的末世觀（now and not yet）（十三 11 ～ 14）

D）責任的基礎：信心（十四 1 ～十五 13）

1）信心堅固與信心軟弱的問題（十四 1 ～ 12）

2）信心堅固與信心軟弱的原則（十四 13 ～十五 13）

E）責任的例證：實物教導（十五 14 ～十六 27）

1）保羅的事工介紹（十五 14 ～ 29）

2）保羅的代禱要求（十五 30 ～ 32）

3）保羅的個人問安（十六 1 ～ 16）

4）保羅的衷心警告（十六 17 ～ 20）

5）保羅同工的問安（十六 21 ～ 24）

6）總結福音的頌詞（十六 25 ～ 27）

除了結構的擬定外，結構的修辭高潮（structural rhetorical clim-axes）也不容忽略，如此結構才能成為詮釋者解經的利器。這類的關鍵經文，將成為全書內容的詮釋架構。它們與現代講道綱要中的副主題，具有類似的功能。有不少研究以羅馬書錯綜複雜的結構和修辭為觀察焦點。我不必在此重述這些研究。但有一點值得注意，因為這對羅馬書的詮釋提供極大的幫助：儘管前言（羅一 1 ～ 17）和結語（十五 23 ～ 33）能夠詮釋整部羅馬書，但每段經文仍然各具詮釋這段經文的修辭高點（rhetorical high point）或關鍵經文。茲說明如下：

第一，一章 18 節至三章 20 節，以及三章 21 節至六章 23 節的修辭高點是三章 21 節。如此說來，三章 21 節應該是一章 18 節至三章 20 節，以及三章 21 節至六章 23 節這兩段經文的詮釋模式（interpretive paradigm）。

第二，七至八章的修辭高點是八章 1 節。因此，八章 1 節成為詮釋七至八章的詮釋架構（interpretive grid）。

第三，九至十一章的修辭高點是十一章 25 至 27 節。可見，十一章 25 至 27 節是詮釋九至十一章內容的關鍵經文。

第四，十二至十六章的修辭高點是十二章 1 至 2 節。自然，十二章 1 至 2 節成為了解十二至十六章的指引。

在本書的註釋中，將使這種以修辭和結構高潮為基礎的釋經架構愈趨明顯。比較偏向視覺取向的讀者，可由下列的圖表獲得更加具體的結構概念。

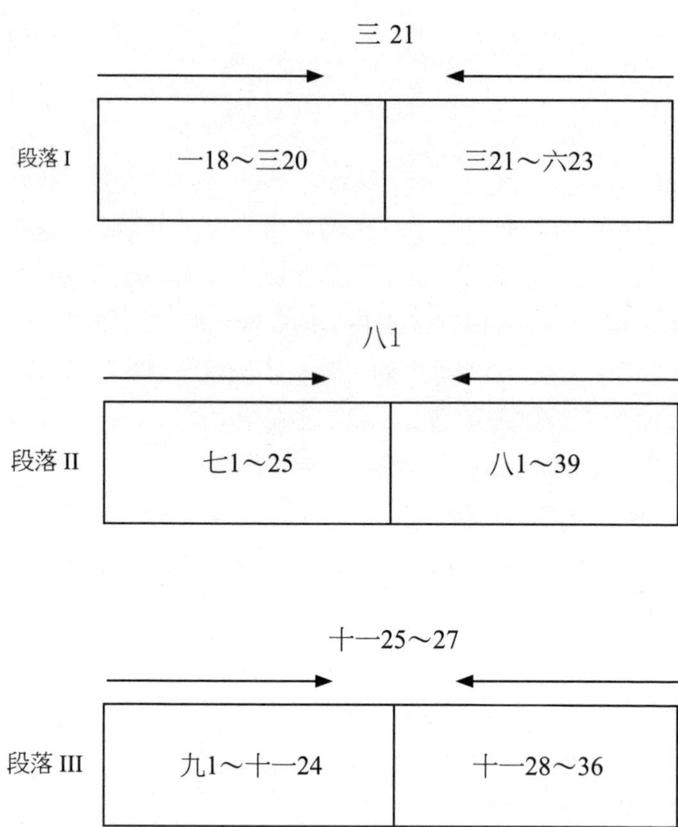


十二1～2

| 段落 IV | 十二1～十六27 |
| --- | --- |

## 建議的釋經策略——聆聽真正的保羅

上述討論為我們帶出一個重要的問題：究竟甚麼是解讀羅馬書的最佳方式？最顯而易見的是，我們必須將羅馬書視為一封書信來解讀。但這個簡單的事實卻被許多詮釋者所忽略。雖然羅馬書的書信格式至為明顯，但許多詮釋者只是嘴巴說說，卻仍保持將羅馬書神學化的強烈傾向。不容置疑地，有許多偉大的神學觀來自羅馬書；但這與將羅馬書視為第一項用心構思的神學陳述，實在大不相同。羅馬書並不是一堆帶著書信外貌的抽象神學觀念。當詮釋者將羅馬書視為一封書信來解讀時（正如保羅自己所顯示地），詮釋者應當極力避免將羅馬書視為神學的衝動。因為保羅的書信對象，是一羣具有真正需要的讀者！保羅並不想寫一本神學專論或教義著作。

直至目前，研究羅馬書的學者似乎尚未從口述書信（oral letter）的角度，為讀者提供一種了解與接受保羅書信的整全方式。到底現代讀者有甚麼方法可以解決這個複雜的問題呢？其實，答案既明顯又簡單。

第一，前言與結語必須多多少少地引導羅馬書全書的詮釋。換言之，所有的詮釋應該與包含在前言與結語中的主要觀點有所相連。讀者不應該脫離前言與結語，來詮釋羅馬書的其餘部分。前言與結語必定與書信的主體相關。如果我們無法將這些部分連結在一起，那是因為我們對前言與結語、書信的主體，甚或兩者缺乏正確的了解。

第二，每段經文的詮釋都必須藉著修辭高點（即關鍵經文）的觀察，將緊鄰與更廣上下文（immediate and wider context）列入考慮。因為羅馬書的原始讀者是在一個場合中，從頭到尾一次聽完整封書信。如此說來，讀者對於書信的上下文，必須有合宜的尊重。在古代公開閱讀的場合中，甚至像羅馬書這種長信，也不可能被分割為幾個段落來閱讀。而在段落間具有長時間的休息或間歇，更是不可能發生的情況。在古代與現代接受羅馬書的相異方式上，我們似乎面臨一個僵局。這種挑戰要求讀者更加重視上下文的意義，與前言和結語之間的關連。即使不懂希臘文，讀者只要由前言和結語所設下的界限來解讀經文，經文的詮釋就不可能偏離原意太遠。

第三，原始讀者的背景是保羅與原始讀者之間共有的資訊與認知。為了針對這個共享資訊的觀察，巴克萊（John M.G. Barclay）倡導一種「反照解讀」（mirror reading）策略，以揭開保羅論證背後的讀者背景。這種反照解讀策略，將為書信的解讀提供一種更生動與立體的溝通模式。[15] 在「較少反對者」（opponent-less）的情況中，反照解讀所反映的應該是原始讀者的背景。因此，這個背景應該與羅馬緊密相關，因為羅馬是當時帝國主義的最極致彰顯。更確切地說，羅馬的背景是保羅宣教熱忱中的一個重要因素。至終，關乎帝國背景的反照解讀，必須與文學情境（即第二釋經步驟）和前言與結語（即第一釋經步驟）相互驗證。如此，口述的、修辭的與社會的詮釋策略循環得以順利完成。而這策略的循環將為讀者提供，尊重文本與歷史情境的經文意義，因此產生真正的「歷史－文法」註釋。

現在讓我為本書所主張的詮釋策略，作個簡單的摘要。凡嘗試由原始「聽者」的角度來解讀羅馬書的現代讀者，將由三個簡單的步驟來了解羅馬書每段經文的意義。這些步驟將用於本書所有的詮釋中，當然不一定總是以相同的次序出現。不過，當讀者繼續研讀本書時，這三個步驟都將明顯地出現在經文的詮釋中。

第一，詮釋者必須將經文段落的上下文（literal context），視為更廣上下文（wider literary context）的一部分。

第二，詮釋者必須將經文意義，與前言－結語的架構相連結。

第三，詮釋者最後應當將前兩個步驟所帶出的意義，與出自羅馬帝國的相關背景資訊連結在一起。

藉著開頭、結尾與背景的綜合觀察，現代讀者就能重訪原始聆聽者一次聽完羅馬書的情境了。如此說來，古代口述的複雜問題，藉著解讀保羅的簡單三步驟，就可以得到完全的解決。下頁的圖表將這個方法的概念具體化表明，應該對比較視覺取向的讀者有莫大的幫助。

# 羅馬帝國的背景

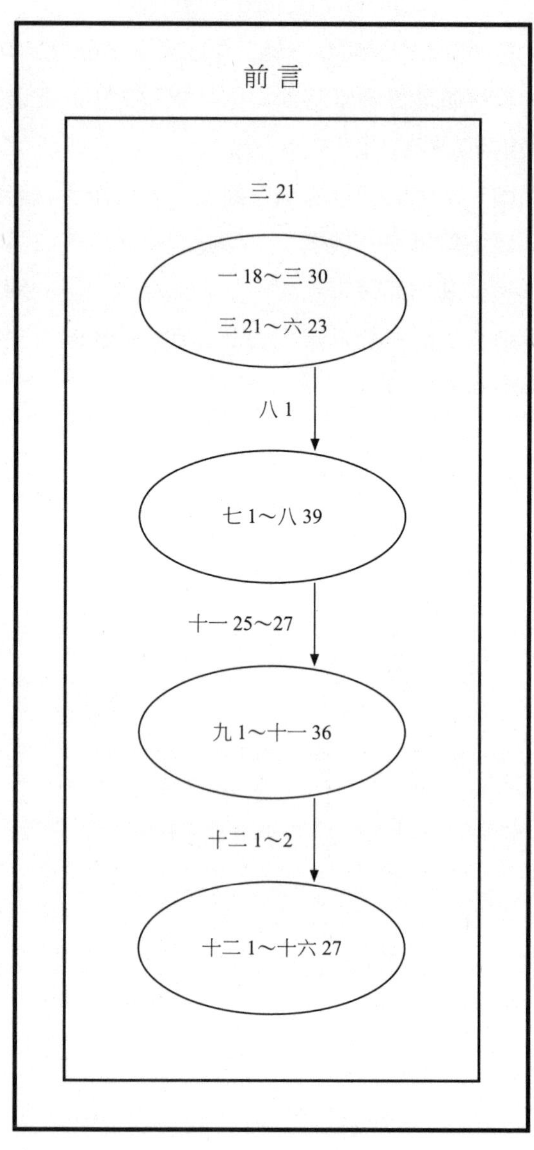

# 參考書目

Bruce, F. F. *Romans*. Tyndale New Testament Commentaries. Downers Grove: IVP, 1985.

Cranfield, C. E. B. *Romans*. International Critical Commentary. 2 volumes. Edinburgh: T & T Clark, 1975.

Fitzmyer, Joseph A. *Romans: A New Translation with Introduction and Commentary*. Anchor Bible Commentary. New York: Doubleday, 1993.

Jewett, Robert. *Romans: A Commentary*. Hermeneia. Minneapolis: Fortress, 2007.

MacMullen, Ramsay. *The Romanization in the Time of Augustus*. New Haven: Yale, 2000.

Moo, Douglas J. *Epistle to the Romans*. New International Commentary on the New Testament. Grand Rapids: Eerdmans, 1996.

Schreiner, Thomas R. *Romans*. Baker Exegetical Commentary on the New Testament. Grand Rapids: Baker, 2005.

Stott, John R. W. *Romans*. Downers Grove: IVP, 1994.

Wright, N. T. *Paul for Everyone: Romans*. 2 volumes. London: SPCK, 2004.

鮑會園。《羅馬書》。卷上～下。香港：天道書樓，1991。

馮蔭坤。《羅馬書》。卷一～卷四。台北：校園書房，1997。

# 附記
## 如何解讀口述抄寫與耳聽接收的書信

保羅的書信以口述的方式抄寫下來（orally transcribed），也以口述的方式傳遞給收信人。至少在表面上，大多數的新約學者都承認口述抄本（oral transcript）的事實。然而，卻有較少的學者承認，書信被大聲讀出以向幾乎不識字的聽眾傳遞信息的事實。可見保羅的聽眾不識字！他們乃是用聆聽的方式來接收信息（aurally received）！無怪乎許多現代讀者覺得保羅的書信不易理解。如此說來，現代讀者當如何以閱讀而非聆聽的方式，來理解保羅的信息呢？此處的附記，將特別討論口述抄寫與耳聽接收的議題，以為本章末了的解讀策略打下穩固的詮釋基礎。這個議題不但具高度的相關性，並且是現代詮釋所不可或缺的。

口述社會的書信溝通與現代西方的印刷媒體大不相同。顯然在保羅的社會中，大多數人都不識字，因為他們缺乏印刷的資料。[16] 因此，當時大多數人都不具備安靜閱讀的能力，更遑論坐下來進行微觀的聖經研究。[17] 大約到宗教改革時期印刷術發明之後，識字的人口才大幅提高。識字比率的增加，使一般人有機會閱讀大量印行的聖經。[18] 但這並不代表讀者完全不認識聖經。實際上，他們很可能已經具有舊約聖經的根基（端賴哪些讀者），尤其是與彌賽亞／耶穌傳統有關的經文（例如，詩篇、以賽亞書與其他先知書）。[19] 他們可以經由識字的人，更進一步地討論或分析保羅的書信。無論如何，為使文本具有意義，保羅的讀者必須是詮釋經文的前列考慮。在保羅口述溝通的過程中，我們也必須注意社會層面的觀察。畢竟，所有的溝通都有其社會層面，而保羅的書信也絕非例外。更確切地說，保羅書信的社會層面，包含口述與公開閱讀書信兩方面。如此說來，文本的正確詮釋，高度取決於詮釋者對口述溝通的了解。

在口述的觀察上，現代詮釋者千萬不要忘記口講話語的修辭策略。實際上，口述在印刷術發明之前，已在社會上具有很長的傳統。那麼，現代讀者是否也疏忽或扭曲了保羅的詮釋？如果是的話，又有甚麼方法可以幫助我們扭轉情勢呢？附記的目的，就是要為這些有興趣的讀者，提供一些簡單的答案。我將在本章的末了部分，為讀者提供一個前後一致的方法與答案，以修正有關保羅的現代詮釋。然而，在進入末了部分的探討之前，我們有必要針對口述提出更多一般性的討論。

那麼，我們當如何將羅馬書以外的背景資料，應用在這個詮釋法中呢？大部分的羅馬帝國背景都是保羅的前提假設，因為羅馬帝國主義是保羅與讀者共有的知識。為使耳聽接收產生作用與帶出意義，說者／作者與讀者必須共享某些文化資訊。因此，若從讀者的角度來解讀書信，羅馬文化背景的資料就成為不可欠缺的必要考慮。這與有些完全排除背景資料的詮釋者是完全不同的。

正如前述，在耳聽接收的方式下，保羅書信的前言與結語成為了解保羅信息的重要關鍵，因為這就是當時的寫作慣例。在本章的末了，我們將重訪這些議題，並將它們綜合成整合與一致的方法，以詮釋羅馬書的信息。盼望從這個角度，現代讀者能夠更明白這封以口述傳遞和耳聽接收的羅馬書。

在帶出整合的解讀策略之前，讓我們針對讀者的情境多作些討論。除了附記之前「讀者與作者、用意」段落多討論的兩種方式之外，三重釋經模式還為我們帶出下面第三種解讀方式。

保羅的讀者所具有的羅馬帝國背景，肯定了保羅寫作宣教－教導書信的目的。當我們看羅馬書時，我們不禁好奇，保羅為何針對他所不熟悉的讀者，寫下這封長篇書信。實際上，保羅曾經向他親自帶領信主的信徒與認識他的同儕，寫過既「沉重」又難懂的書信（林後十 10；彼後三 16）。現在，他又寫一封極具份量的書信給他不甚熟悉的讀者。顯然，從保羅的角度來說，寫信給在羅馬的教會深具策略價值，因為羅馬是當時整個帝國的思想、政治、經濟與文化中心。簡而言之，羅馬對帝國主義極具興趣，因此它不斷地向外拓展殖民疆土。毫無疑問地，所有研究保羅書信的學者都會發現，幾乎每一封保羅書信都有爭辯的意味。然而，除了十六章 17 至 20 上半節以外，羅馬書普遍缺乏爭辯的語調。畢竟，他怎麼可能攻擊一羣他不甚熟悉，卻又具有好名聲的人呢（羅一 8 及以下）？在爭辯語調的缺乏上，羅馬書與以弗所書極為類似。而以弗所書也似乎具有不僅針對以弗所教會，並關切小亞細亞其他教會的流通書信格式。如此說來，爭辯語調的缺乏，也使羅馬書在保羅書信中獨樹一幟。

讓我們暫且將羅馬書與以弗所書作個比較，我們將發現保羅的羅馬書與以弗所書具有相似的功能。因為以弗所書也在濃厚的背景下，帶著濃厚的教導語調。[20] 然而，在背景的整全考慮下，教導的內容在每一點上，都可以與前言和結語相連結。在以弗所書，保羅並沒有攻擊任何特別的宗教問題；他倒是藉著在基督裏的奇妙，與完全被小亞細亞社會同化的危險，為教會提供一些教義的教導。而在羅馬書，保羅也藉著福音信息的介紹，帶出教義與社會之關係的教導。換言之，他根據羅馬基督徒的背景，來傳遞福音信息。這些基督徒居住在羅馬，因此他們對於羅馬的帝國文化相當熟悉。而保羅所介紹的福音，就是這種文化的最佳選擇。在羅馬書的信息中，保羅回答了下列的問題：「究竟基督教的福音與文化，與羅馬帝國的福音與文化有何不同？」雖然以弗所書的最終目的可能與羅馬書不甚相同，但以教導取代爭辯的筆法，卻將兩書卷連結在一起。更確切地說，這兩書卷同具教導的修辭目的。

如果我們從原始讀者的角度進入羅馬書，並且讓羅馬成為重要的背景觀察；那麼保羅的教導將成為這個世界體制的更正面選擇。[21] 可見，保羅的書信不僅具一般性的教導功能，它更在獨特的層面上，將基督教的信仰與羅馬社會相互比較。更確切地說，書信中的教導要素，與當時的歷史情境絕對有關。所以，現代讀者絕對不能在歷史真空的情況下，解讀保羅的書信。顯然，羅馬書的歷史情境兼具猶太與希羅的色彩。

既然在羅馬的教會具有猶太的根源，保羅希望說服他的讀者，更加遵從福音的標準。保羅也希望他們更加體會，基督是「更好的選擇」。藉著更仔細地教導福音，保羅勸勉讀者檢視那些來自社會－歷史環境的意識理念，這些意識理念並不是福音。當我們將羅馬的帝國野心列入詮釋的考慮時，保羅的宣教就成為另一種征服，這種另類的征服是意識理念的征服。換言之，羅馬書為讀者提供比羅馬政治更優質的選擇。實際上，保羅的宣教是一種屬靈的征服；因為它代表教會藉著福音所更新的生命，以愛而非暴力或政治的手段來征服世界（羅十二 9 ～ 21，十三 8 ～ 14）。在這個宣言中，保羅鋪設了征服的根基。

事實上，整個羅馬帝國的力量，是在凱撒大帝（Julius Caesar）的獨裁統治下才開始的。凱撒大帝在最後也被奉為神明。在一世紀，奧古斯都繼續倡導與凱撒大帝相同的一人掌權。他的努力明顯流露於他所征服的廣大疆土中。在這個有利的條件下，奧古斯都開始在一些重要的城市，進行積極又有計劃的建築行動。畢竟，奧古斯都藉推翻先前的共和國體制，與建立獨一統治者的政治結構，而為膜拜羅馬皇帝的異教撒下萌芽的種子。在保羅的年代，被君主體制所取代的共和國體制，已經變成一段古舊的歷史記憶。

根據許多研究，我們獲知不少羅馬書的用字與羅馬帝國具有緊密的關連。舉例來說，「福音」一字對羅馬讀者不再是特殊的陳詞濫調。因為「福音」一字常在慶祝皇帝誕生的政治或

「類似宗教」節慶中使用。可見這個字被用來大力宣傳羅馬皇帝的優勢地位。[22] 在當政時期，偉大的統治者奧古斯都為自己取得國家宗教最高祭司的角色；他聰明地以此角色維繫人民對羅馬的忠誠。而最高祭司的角色，也成為皇帝能在宗教和意識方面，完全掌控國家信仰的堅實基礎。[23] 出現在土耳其安卡拉（Ankara）地區的希臘碑文，描述了奧古斯都的自傳。這個碑文佳美地總結了皇帝的理念：「一份神聖奧古斯都的事迹，藉著這些事迹，奧古斯都將整個世界納入羅馬人民的統治權之下。」[24] 在保羅的腦海中，這種權力根本不應該屬於皇帝。事實上，沒有任何人配得這種絕對的忠誠。只有上帝配得！無怪乎保羅最喜歡使用「主」來稱呼耶穌，以重新塑造讀者的想法。許多羅馬公民公開承認皇帝是主；但保羅卻熱切地堅持，惟獨耶穌配得這種尊榮。[25] 保羅也使用第二與末後亞當，來展現耶穌是全人類之元首的身分（羅五 19）。畢竟，除了皇帝以外，有誰能夠喚起全人類的合一呢？然而，耶穌的統治一點也不「暴君」。[26] 相反地，保羅的新次序異象，透過來自基督的恩典與盼望關愛全人類。保羅嶄新的方法使他所宣揚的福音，更徹底地成為羅馬制度的替代。藉修辭將讀者貫注在福音之上的保羅，自然期待他們全力支持自己對福音新領域的冒險行動。在耶穌的主權下，西班牙絕不是帝國的新疆土，它已經成為福音尚未開拓的新領域。[27]

還有哪些歷史背景與帝國的架構有關呢？原始讀者的當前處境，絕對與羅馬政治的轉換變遷直接相關。當我們解讀保羅的作品時，我們必須持守一個重要原則：作者總是傳遞讀者能夠理解的信息。在前文的討論中，我們曾經提及革老丟皇帝在公元四十九年將猶太人逐出羅馬的詔書。在這事件中被趕出的猶太人，當然包含猶太基督徒。[28] 學者也注意到，猶太人返回羅馬的事件，是羅馬書中極重要的社會影響。[29] 如此說來，學者應該嚴肅地面對這些背景因素。猶太人在被逐出羅馬時，可能遭受財產重新被分配，和喪失土地的命運。[30] 現在尼祿登基皇位，猶太基督徒得以重返羅馬教會。尼祿的繼任使羅馬帝國再次引發不同民族羣體遷移的行動，這些變動直接衝擊保羅的宣教。根據許多當代作家（包括昆體良〔Quintillian〕、辛尼加〔Seneca〕、李維〔Livy〕、塔西陀〔Tacitus〕、阿皮安〔Apion〕等）的記載，我們知道人民的變動，也使反猶太情緒在一世紀中後期日益高漲。因此我們很容易看見，潛在於羅馬教會的種族衝突。事實上，新近的學術研究大部分持守，種族合一是羅馬書寫作用意的立場。[31] 保羅期望族羣之間的合一，能使他獲得一個統一陣線的宣教支持。與其為合一而合一（如同現今的政治與全球風氣），但對保羅而言，合一是達到宣教目的的管道。保羅不但在九至十一章處理這個問題，更在十五章 30 至 32 節使用他個人的行動為例證。他要羅馬基督徒知道，他將親自把外邦人的捐項送到耶路撒冷教會。

當我們從範圍較廣的歷史資料來觀察保羅的宣教策略時，我們看見保羅時常建立開展宣教事工的基地。在東方，保羅沒有使用耶路撒冷，卻使用安提阿為宣教基地；因為安提阿的文化混合與環境背景都較合適。現在，保羅試圖向西方發展，而最佳的基地選擇就是羅馬。合一與宣教的問題，緊密交織不可分割。至少從某方面來說，只有羅馬具有成為最佳基地的潛能，因為它與安提阿有相同的文化功能。

在羅馬書寫作用意的觀察上，歷世歷代的學者已經嘗試證明各種各樣的寫作用意。在心力交瘁的情況下，許多學者建議一種多重但卻彼此毫無關連的寫作用意。[32] 上述的建議，將各種用意組織成不同的層次，以使它們全部隸屬在宣教之下。宣教已經成為大部分學者的共識，也是現代讀者應該把持的看法。帝國背景為羅馬書提供社會的動態，而宣教則成為傘狀的總綱要旨。在這個架構下，種族合一的問題必須先行解決，才能使宣教事工順利進展。[33]

總結來說，保羅撰寫羅馬書的心意乃為召集羅馬基督徒，在超越任何政治與社會成功的普世和福音宣教上全力支持他。保羅展現一種比任何世界制度更宏偉的異象。他以注目上帝永恆計劃的胸懷寫下羅馬書。羅馬帝國的「新世界秩序」終於在保羅的福音宣教中，遇見了銳不可當的對手。保羅將挑戰所有的讀者，重新認識其真面貌。綜觀人類歷史，多少英雄偉人嘗試建立「新的世界秩序」，他們的努力至今蕩然無存。但保羅的話語卻依然佇立！

註釋：

1 更多有關迦流的資料，參 F. F. Bruce, *Paul: Apostle of the Heart Set Free* (Grand Rapids: Eerdmans, 1991), 253, n.20。迦流的碑文是鑑定新約聖經

許多事件之日期的最重要物證。

2 這並不表示革老丟是反猶太的皇帝，事實上，在革老丟當政時期，凡由猶太前來尋求羅馬法律裁決的大使，大部分都得到對猶太人有利的裁決。參 Paul McKechnie, "Judaean Embassies and Cases before Roman Emperors, AD 44 ～ 66," in *Journal of Theological Studies* 56 (Oct., 2005), 342 ～ 349。當時的問題，似乎是因猶太人攪擾基督徒而引起的。可能在當時，猶太基督徒積極傳揚福音，因而與當地的猶太宗教領袖發生衝突。或許革老丟皇帝最後無法忍受，所以將發生衝突的兩方盡都趕出羅馬城。至少，他趕出那些積極參與家庭教會和福音宣揚的猶太基督徒。

3 Bruce J. Malina and John J. Pilch, *Social-Science Commentary on the Letters of Paul* (Minneapolis: Fortress, 2006), 226.

4 在前往西班牙之前，保羅有可能想在羅馬先練習他的拉丁文。遠至羅馬共和國的證據顯示，西班牙地區已經十分熟悉拉丁文。參 Ramsay MacMullen, *Romanization in the Time of Augustus* (New Haven: Yale, 2000), 82。顯然在保羅的時代，羅馬的統治已經使拉丁文變得十分通用。

5 羅馬書三章 8 節可能是一個例外，但那可能只是一種預先考慮而非真實的情況。

6 顯然，在監獄書信中，「奧祕」是用來形容福音不同方面與果效的正面用字（參弗三 3；西一 27），但在這個時候，監獄書信尚未寫成。

7 Karl P. Donfried, "False Presuppositions in the Study of Romans," in *Catholic Biblical Quarterly* 36 (1974), 353. 極為反諷的是，唐弗理德（Karl P. Donfried）列舉一些修辭設計，以顯示羅馬書針對獨特對象而寫的看法；然後他又矛盾地將神學教義的觀察，包含在羅馬書的解讀中。事實上，真正的問題並不在於羅馬教會是否有歷史情境存在，而是「甚麼」是羅馬教會的歷史情境。唐弗理德提供一種「兩者兼具」，而不是「兩者選一」的解決方式。然而，「兩者兼具」的解決方式，不可能為我們提供答案。這種包含一切的解決方式，似乎是一種藉口。

8 第三種方法將在下文佔據較多的篇幅，因為許多註釋者都未能針對這個角度，提出較透徹的討論。

9 Martinus C. De Boer, *The Defeat of Death: Apocalyptic Eschatology in I Corinthians 15 and Romans 5* (Sheffield: Continuum International Publishing Group, 1988), 144.

10 當我們觀察使徒行傳二章 5 至 11 節時，我們看見在羅馬的勢力下，有許多不同的種族羣體和語言。這些種族羣體和語言的提及，顯示一種使所有種族羣體合一的帝國理念。這個重要的事實，成為保羅的福音所具有的合一能力之強烈對照。

11 N. T. Wright, "Romans and the Theology of Paul," in *Pauline Theology*, ed. David M. Hay and E. Elizabeth Johnson, vol.3 (Minneapolis: Fortress, 1995), 41 ～ 42.

12 George Smiga, "Romans 12:1 ～ 2 and 15:30 ～ 32 and the Occasion of the Letter to the Romans," in *Catholic Biblical Quarterly* 53 (1991), 262.

13 George E. Ladd, *A Theology of the New Testament* (Grand Rapids: Eerdmans, 1991), 440. 問題是，賴德試圖逃避義具有某種倫理行為的觀察。極為清楚地，倫理層面同時包含在舊約與新約的經文中。

14 有些北美學者認為，「信」一字與基督的信實或上帝的信實有關。雖然這種看法是一種正確並且不容否認的神學觀，但一章 17 節所提及的「義」顯示，它指向人的信心。中文《和合本》聖經對「義人必因信得生」的翻譯，似乎十分正確。因為那些因著信而被稱義的人，將獲得生命。

15 John M. G. Barclay, "Mirror-Reading a Polemical Letter: Galatians as a Test Case," in *Journal for the Study of the New Testament*, 31 (1987), 73 ～ 93.

16 John D. Harvey, *Listening to the Text: Oral Patterning in Paul's Letters* (Grand Rapids: Baker, 1998), 1 ～ 118 為口述與保羅的社會提供不少優質的研究。雖然他顯示一些對口述效果的關注，但他更關切結構的分段。因此，他的作品為結構的分段帶出更多貢獻。

17 Frank D. Gilliard, "More Silent Reading in Antiquity: *Non Omne Verbum Sonabat*," in *Journal of Biblical Literature* 112 (1993), 689 ～ 694 提出古代安靜閱讀的可能性。毫無疑問地，對於識字的人，安靜閱讀是可能的。但當時又有多少人識字呢？一個不能讀書的人，絕對無法安靜地閱讀。即使安靜閱讀可能發生，在當時能夠安靜閱讀的人也僅佔少數。

18 有關印刷媒體與口述媒體之相異點的新近討論，參 J. A. "Bobby" Loubser, "Moving Beyond Colonialists Discourse: Understanding Oral Theory and Cultural Difference in the Context of Media Analysis," in *Semeia* 47 (2004), 65 ～ 82。

19 學者認為，在第一世紀時，不可能到處攜帶或擁有許多聖經卷軸的抄本。因為成本不允許，並且大量的卷軸也具有相當的重量。然而，保羅一定是記住，或記下與他的福音或他個人教導有關的經文。保羅本身的訓練，可能已經幫助他記下大量特別的經文。在保羅的寫作中，我們看見只有某些聖經書卷出現的模式，因此顯示保羅曾經選擇性地記憶某些經文。

20 教導的語調如此濃厚，而主題又似乎如此不同，以致 Junji Kinoshita, "Romans-Two Writings Combined," in *Novum Testamentum* 7 (1965), 258 ~ 277 試圖顯示有兩項寫作存在；一項針對實際的情況而寫，而另一項則來自倫理手冊。然而，我們不可能發現保羅如何將他的書信連結在一起，並且所有的資料應該具有前後一致的背景。

21 Davina C. Lopez, *Apostle to the Conquered: Re-imagining Paul* (Minneapolis: Fortress, 2008). 這本書對於羅馬帝國與保羅的研究極具價值。很遺憾地，限於本書的出版日期，我無法及時與洛佩斯（Davina C. Lopez）對話。有興趣的讀者，可以參考本書對於釋經架構的更寬廣應用。

22 N. T. Wright, "Paul's Gospel and Caesar's Empire," in *Paul and Politics: Ekklesia, Israel, Imperium, Interpretation*, ed. Richard Horsley (Harrisburg: Trinity Press, 2000), 165，另參同書的 "Coming home to St. Paul?," 403。

23 Richard Gordon, "The Veil of Power," in *Paul and Empire: Religion and Power in Roman Imperial Society*, ed. Richard A. Horsley (Harrisburg: Trinity Press, 1997), 127.

24 John Dominic Crossan, "Paul and Rome: The Challenge of a Just World Order," in *Union Seminary Quarterly Review* 59 (2005), 8 ~ 9. 克羅森（John Dominic Crossan）的文章提供豐富的證據，顯示皇帝與帝國的優勢掌權。在別迦摩一個大理石雕像的台座上如此寫著：「皇帝，凱撒，神的兒子，神明奧古斯督，是全地與海洋的監督者。」對於這類證據的更多討論，參 Bruno Blumenfeld, *The Political Paul: Justice, Democracy and Kingship in a Hellenistic Framework* (New York: Sheffield Academic Press, 2001), 276 ~ 277。延伸進入東方（即小亞細亞）顯示，不同皇帝的深厚政治影響力；這也是我認為應當將羅馬的政治，視為詮釋羅馬書之部分考慮的原因。

25 Gordon D. Fee, *Pauline Christology: an Exegetical-theology Study* (Peabody: Hendrickson, 2007), 239 也注意到這個特徵，但他比較強調新立約中的主權。我卻認為帝國背景是詮釋主權較好與較直接的途徑。

26 Robert Jewett, "Response: Exegetical Support from Romans and Other Letters," in *Paul and Politics: Ekklesia, Israel, Imperium, Interpretation*, ed. Richard Horsley

(Harrisburg: Trinity Press, 2000), 70 正確地使用「暴君」一詞，來形容基督與帝國統治之間的強烈對比。

27 MacMullen, *Romanization in the Time of Augustus*, 51 所提出的證據顯示，受意大利移民影響的西班牙，是當時一個繁榮與都市化的地區；它被分為三個省份：盧西塔尼亞（Lusitania）、巴亞提科（Baetica）與塔拉哥納（Tarraconensis）。羅馬文明隨著殖民化過程蜂擁而來。當地的考古證據顯示羅馬的統治優勢。而建築風格也仿效羅馬的建築物，甚至建築材料都模仿羅馬採用的石頭。這種統治所留下的痕迹遍及許多文化，其中包含美國印第安人、中國或蘇俄。帝國的意識理念在所有主要文明的建築中，顯示它榮耀的領導地位。在他的西班牙宣教中，保羅嘗試運用他的福音，以完全不同的方式來征服這個地區。保羅在此大膽宣告西班牙的宣教理念，以使外邦宣教能夠持續進行。麥馬倫（Ramsay MacMullen）也顯示西班牙膜拜羅馬皇帝的證據，參 MacMullen, *Romanization in the Time of Augustus*, 78。

28 例如，A. J. M. Wedderburn, *The Reasons for Romans* (Edinburgh: T & T Clark, 1991); Thomas R. Schreiner, *Romans* (Grand Rapids: Baker, 2005), 10; E. Mary Smallwood, *The Jews under Roman Rule from Pompey to Diocletian* (Leiden: Brill, 1981), 251; G. Lüdemann, *Paul, Apostle to the Gentiles: Studies in Chronology*, trans. S. F. Jones (Philadelphia: Fortress, 1982), 164 ～ 165。這個種族問題的解讀，早已出現在教父俄利根（Origen）等的觀察中。參 Mark P. Reasoner, *Romans in Full Circle: a History of Interpretation* (Louisville: WJKP, 2005), xxv ～ xxxvi。

29 J. Ross Wagner, *Heralds of the Good News: Isaiah and Paul "in Concert" in the Letter to the Romans* (Leiden: Brill, 2002), 34 ～ 35 反對這個理論。他首先懷疑革老丟的詔書是否真正對猶太人口有巨大影響。相反地，他相信羅馬教會中的猶太人與外邦人，一直有很好的混合比例。對我而言，好的混合比例誠然不錯，但正如保羅所寫的，這個比例是返回羅馬的猶太人所造成的。對保羅來說，他們之間的衝突值得嚴肅面對，因為在保羅的其他書信中，我們沒有發現像羅馬書九至十一章這麼重視以色列救贖歷史的經文。至少對一些猶太讀者來說，有些來自舊約的細節辯證是可以理解的。有關猶太人生活在外邦人中的觀察，可參下列最佳資料來源：Margaret H. Williams, *The Jews Among the Greeks and Romans: A Diaspora Sourcebook* (Baltimore: Johns Hopkins, 1998)。

30 事實上，Francis Watson, *Paul, Judaism, and the Gentiles: Beyond the New Per-*

*spective* (Cambridge: Cambridge University Press, 1986), 95 更進一步建議，有些外邦基督徒搬進原本是猶太基督徒的區域。如果早期教會以社區的方式居住在一起，那麼這種看法是完全可能的。在當時猶太教與基督教關係十分密切時，起初僅含少數外邦基督徒的基督教會，很可能與猶太人社區住得非常相近。

31 Schreiner, *Romans*, 19, n.42. 我同意種族是歷史拼圖中的重要一片，但它必須在宣教的總綱用意下與其配合。這也可能反映當今全球混亂的現象，與種族之間合一的憧憬。二次世界大戰後與美國「大熔爐」的民族精神，有可能是這類詮釋滋生的原因。不過，保羅將這方面的因素，視為宣教這幅更廣圖畫的一部分。

32 Sam K. Williams, "The 'Righteousness of God' in Romans," in *Journal of Biblical Literature* 99 (1980), 254 嘗試證明以宣教和種族為中心的多重寫作用意，並以此總結學者的研究。

33 毫無疑問地，種族合一是一個大家都承認的問題，但卻被分隔於宣教與帝國的討論之外。Jeffrey A. Crafton, "Paul's Rhetorical Vision and the Purpose of Romans," in *Novum Testamentum* 32 (1990), 317 ～ 339 有力地爭辯、種族合一是一種修辭的異象，但宣教卻不是他的強烈觀點。許多註釋者將羅馬書的種族、宣教與帝國權力，視為三個獨立的問題。但它們實際是隸屬於單一宣教主題的三個相關問題。

# 哥林多廣場——宗教與商業的重要地帶

這張照片是哥林多的廣場／市場，它顯然是一個古代的市場。哥林多具有身為羅馬商業中心的重要地位，因此很可能成為保羅諸多觀察的靈感。由其中，保羅看見羅馬帝國主義如何徹底改變哥林多的財務景觀。

哥林多市場的大小極其寬廣，可見這是人口十分稠密的城市。除了促進哥林多成長的政治影響之外，宗教影響也為哥林多帶來更進一步的繁榮。這張照片的最高點是公元前六世紀的阿波羅神廟，它的所在，突顯了當時宗教建築物與商業貿易同在一處的緊密連結。毫無疑問地，當神廟開放時，市場將由許多前來敬拜偶像的敬拜者身上，獲得豐潤的利益。

在每第二年的春季中，許多人前來慶祝尊榮海神玻西頓（Poseidon）的地峽運動會（Isthmian Games）。這個運動會可以遠溯至公元前五八二年。地峽運動會也與紀念皇帝家庭的凱撒運動會混合舉辦。無可置疑地，在保羅撰寫羅馬書的哥林多，帝國勢力的存在已經是一個明顯的事實。

羅馬詩人賀瑞斯（Horace）曾提出評論，認為不是人人有能力住在哥林多的，因為那裏的生活水準極高。哥林多由於地理優勢而在羅馬貿易中佔一位置，因此建立了大都會的地位。現在讓我們來看看羅馬。如果哥林多有如此高的生活水準，那麼在羅馬一定更加不易生活。對於重返羅馬的猶太人來説，情況不見得總是美好的。因此保羅刻意強調外邦基督徒與猶太基督徒必須合一，以使他向西班牙宣教的財務所需，不因種族分歧而受影響。保羅寧願在抵達羅馬之前，先作好使兩方合一的預備。顯然，在哥林多所呈現的問題，很可能就是羅馬的問題。

# 第二章

## 前言：傳信息的人與信息的介紹（一1～17）

### 引言

前面的導論已經對羅馬書的前言內容作了初步的介紹，因為它是詮釋架構的一部分。可見，更仔細地了解前言，是不可或缺的解經步驟。羅馬書的前言可分三部分討論。第一，在一章1至7節，保羅以標準的問安形式，問候他的讀者。第二，在一章8至15節，保羅提到他前往羅馬的心意。第三，在一章16至17節，保羅摘要地討論福音，並帶出書信主題的介紹。總的來說，前言表達保羅寫作羅馬書的目的，祈使讀者毫無懷疑地接受保羅的福音，並認識福音可以如何影響住在羅馬社會中的全體信徒。前言不但開啟書信的內容，並為羅馬書其餘部分設下共同的語調。

### 一段不尋常的問安（一1～7）

一般而言，保羅書信的標準問安都出現在感恩之前。它的內容包括表明作者、讀者是誰與某種神學理念。羅馬書似乎有最長的問安部分。然而，這種寫作筆法應該不難明白，因為保羅從未見過羅馬教會的基督徒。所以原始讀者也可從這段問安，仔細查驗他的言語和為人。與許多古代書信作者大異其趣的是，保羅幾乎在所有的書信中，都煞費苦心地格式化他的前言，以顯示他對書信內容的謹慎計劃。[1] 從這個層面來看，書信實際代表了保羅本人。羅馬書的問安，可以概略地分為三部分。

第一，保羅在一章 1 節以標準的問安帶出自己的身分。他藉著「奉召為使徒，特派傳上帝的福音」的明顯提及，來描述自己是耶穌基督的僕人。僕人的主旨十分重要。在舊約中，耶和華最初的僕人是「真以色列」，最後在基督裏實現。然而，存留在保羅思想世界中的「僕人」，顯然是一個可敬的頭銜。由新約聖經對以賽亞書的僕人之歌與其後續教導（賽四十九～六十六章）的頻繁使用，我們可以說保羅的僕人自稱，宣告了一種新次序與新的彌賽亞時代；而這新時代終將引進新天新地。更確切地說，保羅為讀者引進一個非常重要的主題。這個主題來自基督嶄新又優越的時代，與羅馬統治的美好新時代成為強烈的對照。從新約的應用角度來說，身為復活主耶穌的僕人，保羅實際成為真以色列。保羅使用「基督的僕人」，來描述他動機背後的基礎。更確切地說，耶穌是支持保羅宣教的主人。保羅必須如此陳明，因為他要挑戰讀者驗證他的資格，以預備支持他對西班牙的宣教事工。簡要來說，當保羅要將自己介紹給他不認識的讀者時，他會在標準的問安中，包含自己的自我介紹。這麼說來，誰能夠質疑保羅宣教的動機呢？

第二，在討論完問安的第一部分（羅一 1）之後，現在讓我們觀察出現在一章 2 至 6 節這段不尋常問安的第二部分。保羅可能想起他在進入標準問安之前，必須先向讀者說明福音的一些重要特色。在此，保羅所描述的福音，可分為六部分。

（1）一章 2 節陳述福音的可靠性是上帝早已應許的。

（2）一章2節說明福音是上帝藉著眾先知傳達的（羅一2）。

（3）一章3至4節闡釋福音的主題，是從大衛後裔生的耶穌（羅一3）、祂從死裏復活（一4上）和祂具有上帝兒子之名分（一4下）。

（4）一章5節上描述包含恩惠並使徒職份的福音好處。

（5）一章5節下說明福音的目標是要人信服真道。

（6）一章5節下至6節帶出福音包括所有外邦人的廣大範圍。

這六部分所具有的共同點就是：沒有一部分包含「人如何蒙拯救」的簡單觀念。當然這並不意味，保羅在此的論述沒有暗示現代基督徒「如何蒙拯救」；但它的主要觀點比較強調經由耶穌基督的事件，來認識上帝對歷史的完全掌權。[2] 顯然，相信耶穌是宣告耶穌是主的先決條件。這就是保羅介紹福音的方式！

毫無疑問地，一章2至6節對於福音的闡釋，顯示保羅刻意將他的福音與既存的猶太人傳統相連，以證明福音並非來自他的創意。保羅所傳的福音，其實完全是猶太人福音（Jewish gospel）的延續。[3] 另外，經文明說耶穌是上帝的兒子；彌賽亞的身分加上「我主耶穌基督」的稱呼，將普世統治的權柄都歸給基督。[4] 如此說來，當保羅稱耶穌是猶太人與外邦人的主時（即「我們的主」），保羅已經暗示在這個大衛統治的新時代中，猶太人與外邦人是合一的。[5] 身為一個散居的猶太人，保羅當然希望大衛能夠重建一個超越羅馬帝國的新國度。保羅的宣教事工與羅馬帝國同時存在。當羅馬帝國為自己的榮耀拼命征服世界時，保羅的福音為世人的緣故，奮力拯救一切信服真道的人（羅一5）。保羅以強調外邦人和使徒的揀選，來展現福音完全超越羅馬治理的獨特性。

最後，保羅以一章7節下為問安的第三部分，來帶出他「恩惠與平安」的標準問安。儘管這是保羅的標準問安，但因這羣讀者的背景與羅馬帝國有關，因此它的功能也隨之而異。在他所有的書信中，「恩惠」總是出現在「平安」之前。身為一個散居的猶太人，保羅的問安勢必受到猶太與羅馬文化的雙重影響。「恩惠」是保羅修正希臘文的問安語（徒二十三 26），而使用的雙關語。保羅將外邦人的問安基督化，再與自己的猶太人問安連結使用。這個猶太人的問安，就是「平安」（Shalom）一詞。「平安」來自公會的問安，象徵羣體中的個人，不論彼此之間或與上帝之間都有健全的關係。在讀者的帝國背景中，羅馬應許「羅馬和平」（*Pax Romana*）或奧古斯督的和平；但保羅的福音卻應許永遠常存的和平。[6] 保羅的福音宣告，上帝對地上和平的計劃。保羅所宣揚的猶太信仰，將使羅馬帝國的應許黯然失色；因為羅馬運用軍事武器壓制所有的敵對者，以實現不再有戰爭的應許。但保羅的福音卻不需要在沒有戰爭的情況下，才宣告和平。

直至目前，福音宣教到底具有甚麼重要性呢？福音宣教之所以重要，乃是因為福音超越帝國的理念和種族的界限。藉著將福音與猶太傳統連結，保羅顯示福音具有許多不同的展現方式。雖然福音可以在不同的文化中被處境化，但福音卻永恆又一致。只要福音的本質不改變，保羅接受各樣表達福音的方式。

## 保羅的自我介紹 —— 一個宣教的人（一 8 ～ 15）

這段經文是保羅的自我介紹，其中包含五個重要特徵。

第一，保羅是一個禱告的人（羅一 8 ～ 10 上）。雖在寫作羅馬書時，保羅只是渴望有平坦的道路前往羅馬。但他想要到羅馬的禱告，卻在一種令人驚訝的軟禁方式下（徒二十八章）蒙應允。

第二，保羅是一個順服的人（羅一 10 下）。雖然保羅有良好的動機，但他還是順服上帝的旨意。他忠心持守自己被召成為基督耶穌之奴隸的身分（一 1）。

第三，保羅是一個合作的人（一 11 ～ 12）。[7] 在所有人當中，保羅確實明說，他與羅馬教會的最後接觸將為雙方帶來互惠的好處。保羅認為宣教並不是被召之人的個人工作，而是一種團隊事奉。雖然保羅似乎為要贏得他們的友好關係，而將羅馬教會描繪得美好無比；但保羅屢次提及同工（例如羅十六章），有力地展現保羅認為宣教是團隊事奉的一貫理想。

第四，保羅是一個有異象的人（羅一 13 ～ 14）。他將福音事工視為他的「責任」。保羅的責任似乎針對全人類，但這責任的觀念可能源自他與偉大的主耶穌基督之間的關係。

第五，保羅是一個有信念的人（羅一 16 上）。雖然一章 16 節開啟了下個段落，但我要將一章 16 節上包含在這個段落中，因為它仍然帶著個人的語調。保羅一點也不以福音為恥。只要他完成擺在他面前的宣教事工，他就引以為傲。他請讀者學習他的榜樣，以使讀者能夠藉新價值觀的建立，改變心意而加入保羅的宣教事工。

概括來說，保羅向他的主表達完全的忠誠。沒有甚麼比這件事更重要。保羅的首要責任不僅是做一個好的羅馬公民。相反地，宣教的責任是他的首要優先。

## 保羅的信息——一個傳揚福音的人（一 16 ～ 17）

在一章 2 至 6 節，保羅先以耶穌的傳統證實他的福音。而在一章16至17節，保羅則更明確地使用四項主要陳述，來講論他的福音。

第一，一章16節指出福音的定義是「上帝的大能」。[8] 在概念上，上帝的大能對猶太人與外邦人同等重要（參林前一17、23～24）。對外邦人而言，救恩是憑智慧而得的道德。因此外邦人認為，人必須從無知中被拯救出來。對猶太人而言，救恩代表脫離外邦人的統治。對保羅而言，救恩的範疇大大超越這兩種文化，因為福音能夠拯救「每一個人」。福音的進展具有從「猶太人」到「外邦人」的歷史性。保羅親身體驗，福音宣教是證實上帝存在與上帝大能的惟一有力支持。現在保羅要繼續藉西班牙的宣教，來證明上帝恒久又寬廣的能力。

第二，一章17節顯明福音的內容是「上帝的義」。讀者可以使用兩種方式來了解「上帝的義」。第一種方式可以遠溯至奧古斯丁；這種方式將「上帝的義」視為屬於上帝的義，是信徒稱義的基礎。第二種方式將「上帝的義」視為上帝的屬性；這個義的屬性也包含上帝的義行，以辯證上帝的好名聲。這兩種意義都有可能是保羅的原意。因為羅馬書的前八章明顯具有第一種意義，而九至十一章則涵蓋第二種意義。最後，十二至十五章兼具兩種意義的應用。當我們了解起始篇章為整封書信設下語調的事實時，我們就不會對這個包含廣義的「上帝的義」，感到訝異了。[9]

第三，一章17節描述福音的持久性將繼續「顯明」出來。因它為一個先前隱藏的新時代，帶出了嶄新的開端。在外邦人的宣教中，福音根據上帝的屬性，以及白白禮物的觀點，顯明上帝的義。

第四與最後，一章17節指明福音的管道與目標是「信」。[10]「本於信，以致於信」的用辭，充滿高度的爭議性。它可以代表信是媒介，或信是目標的不同涵義。到底它指上帝的信實，或人的信仰經驗（即相信）？尤有甚者，在羅馬書的上下文中，「義人」含有某一類人的集體意味。因此，由集體而非個人的義來解讀羅馬書，當屬最合宜的角度。

## 問題思考

- 為甚麼保羅在一章 2 至 6 節，將福音的信息與其他傳統相連結？
- 「大能」這用詞，如何反映出讀者的外邦背景？
- 上帝的父性（fatherhood）為我們帶出哪些不同種類的父性角色（例如，羅馬皇帝具有羅馬人之父的角色）？
- 保羅的用詞如何表明，出自福音事工的價值觀改變？
- 為甚麼保羅總是將「恩惠」放在「平安」之前？
- 「主」一字為我們帶出哪種有關耶穌的暗示？
- 「僕人」一字為我們帶出哪種有關保羅事工的暗示？
- 「義」這個具有集體涵義的用字，如何教導我們基督徒彼此之間的關係？

# 附記
## 小型福音——哈巴谷書二章 4 節

一般來說，典型的羅馬書註釋素以哈巴谷書二章 4 節的翻譯問題為觀察焦點。從解經的角度來看，我認為哈巴谷書的引用還有一個不太被人注意的更大議題存在。保羅引用哈巴谷書二章 4 節的方式，讓人覺得原始讀者好像已經非常熟悉這個引述。賴特甚至建議，哈巴谷書二章 4 節的整個上文下理清楚可見；因此，暗示賴特相信原始讀者確實知道原本的上文下理。[11]

起初，這個引述已經出現在保羅事奉一開始所寫的加拉太書三章 11 節中。加拉太書三章的論證，乃為顯示亞伯拉罕之約超越律法。但羅馬書和加拉太書，都沒有對這個引述提出仔細的解釋。更確切地說，保羅的修辭策略是使用羅馬書以外的經文，來強化他所提出的白白恩典。令人好奇地，保羅也沒有為羅馬書這節引述提出任何解釋。

就像保羅其他未經解釋的引述一樣，這項事實清楚指出，哈巴谷書二章 4 節已經存在於教會傳統中。這個引述完美地作為例證，就是隱藏在保羅修辭背後的教會歷史。當然這裏的修辭，乃指保羅對舊約的修辭使用而言。對這個傳統多加注意的現代讀者，將在經文的理解上獲益匪淺。

保羅也在讀者與他不大認識的羅馬書中，引用哈巴谷書二章 4 節。這麼說來，哈巴谷書二章 4 節並不僅是保羅的詮釋。它已經被初期教會詮釋為舊約福音的一部分。保羅在加拉太書使用這個引述，展現他的福音是初期教會傳統的延續。保羅依靠初期教會所共有的知識，來建構他的福音。毫無疑問地，對初期教會而言，哈巴谷書二章 4 節是小型的福音。因此保羅並沒有發明新的福音，他只是為了外邦宣教，尤其是他的西班牙宣教，而處境化現存的福音。過去的觀點，曾經過分強調保羅的福音與初期教會的福音之間的相異之處，這種觀察不但造作，並且不實。所以，當面對保羅未經解釋的引述時，現代讀者必須思考兩個重要的問題：「讀者**如何**與**何時**獲知這個知識？」[12]

總的來說，保羅用「大能」這詞，的確顯示在他的宣教事工中所發生的另一種理念改變。上帝的大能彰顯在他宣教的講道中。上帝的大能不但大大超越人的能力，更使人的哲學與宗教黯然失色。在保羅連結宣教與信息的討論中，福音宣教是必須償還的債，而福音的信息則是可以經歷的大能。對現代讀者而言，這段經文特別貼切，因為這世界有太多與基督教信仰競爭的制度和理念。然而，世上無一可以與改變生命的簡單福音相比，這福音終於使基督教成為「偉大的世界宗教」。甚至比偉大的宗教更重要的是，福音所具有的普世性。上帝毫不在乎種族、社會階級或性別，福音是為世上所有人預備的。福音的確是大好消息。福音也以義的用詞表達，因為在羅馬的制度中，義的定義乃是根據法律甚或宗教而來。在保羅的福音中，義是上帝所命定的，因此它是「屬於／來自上帝的義」(righteousness of / from God)。這也是人們必須以福音為傲的原因。福音不僅是神學的陳述，它更能在宣教中被經歷。愈關切福音事工基督徒，愈能經歷上帝的大能。讓我們用一句話來描述保羅在這個偉大前言中所釋放的信息：福音是必須償還的欠債，與能夠經歷的大能。保羅的福音至高，它遠遠超越所有與其競爭的羅馬理念；不論是來自社會制度的尊榮與羞辱觀念，或來自律法制度的道德正直，都無法與其抗衡。

註釋：

1 David E. Aune, *The New Testament in Its Literary Environment* (Philadelphia: Westminster, 1987), 163 討論標準的古代書信，通常以包含寫信者與收信者的書信標題為開始，而後帶出某種有關身體健康的問安。通常，保羅對教會的關切並不在於外表的安康，而更多在於屬靈的健康。有時候，他以禱告式的感恩取代身體健康的問安。

2 N. T. Wright, "On New Perspectives on Paul," in *Justification in Perspective: Historical Developments and Contemporary Challenges*, ed. Bruce L. McCormick (Grand Rapids: Baker, 2006), 249 正確地指出，福音並不是「你可以得救，而是你如何得救的方式」。當然，福音的確濃厚地隱含著這種現代看法（或過度簡化的看法？）。保羅的書信，實際以歷史耶穌是上帝的兒子道成肉身為前提假設。許多人可能忽略這項觀察，因此提出保羅從未以這個歷史事實為焦點的説詞。顯然，保羅將這項歷史事實視為理所當然，所以他從初期教會建立他所宣揚的福音。

3 Douglas J. Moo, *The Epistle to the Romans*, New International Commentary on the New Testament (Grand Rapids: Eerdmans, 1996), 51 與許多註釋者一樣，偏向將

一章 4 節視為針對福音所作出的某種摘要論述。當然這節經文具有這個目的，但這並不是主要的重點。事實上，這種不尋常字彙的出現，應該提醒詮釋者注意保羅之外的耶穌傳統。保羅在先前已有的根基上所建立的成就，非常適合用來贏得羅馬基督徒對他的信任。這才是我們應當留心的重點。

4 耶穌的復活帶出了一個合一的新時代；在其中兩個分隔的羣體合而為一。保羅加上「主」的「主基督」用法，超過一百三十次之多，另外以所有格（genitive）帶出「主」一詞的用法，也在保羅的書信中出現超過兩百次以上。在《七十士譯本》中，「主」一詞一般被用來代表耶和華（YHWH）。耶穌的確以死裏復活證明祂的神性。保羅對於「主」一字的使用，與初期教會的福音相符一致；初期教會的福音對耶穌復活的強調，超過耶穌被釘十字架（例如，在使徒行傳中的講道）。

5 保羅並沒有使用「我的主」，他使用「我們的主」為讀者建立集體國度的觀念。這個觀念是典型的保羅觀念。

6 奧古斯督的和平是一個重要的政治題旨，尤其是在如小亞細亞的地區。順服在皇帝之下，只會為這些地區帶來好處。如此說來，為甚麼不在表面上作出敬拜他的樣子呢？有一個稱為「和平祭壇」（Altar of Peace）的紀念碑設立在雅典，為要顯示奧古斯督在東方所具有的政治重要性。MacMullen, *Romanization*, 2 注意到，為要討好希臘人，這個祭壇的設計特別採用希臘的風格。女人的雕像具有希臘的髮式，由此顯示羅馬人願意將羅馬的意識理念，與當地的文化融合在一起。

7 到底甚麼是保羅想要分給羅馬基督徒的屬靈恩賜呢？ Gordon D. Fee, *God's Empowering Presence: the Holy Spirit* (Peabody: Hendrickson, 1994), 488 認為，這個屬靈恩賜就是福音。這是完全可能的看法。保羅也可能將自己能夠執行宣教事工的使徒恩賜，分給羅馬基督徒。藉著分享他的宣教異象，保羅在某種意味上，的確分享了聖靈所賜下的恩賜。

8 大部分的註釋書都注意到，一章 16 至 17 節是整封書信的標題（head）。這個神學強調使得許多學者認為，保羅在陳述人的困境之前，已經給予了解決的答案。參 E. P. Sanders, *Paul and Palestinian Judaism: A Comparison of Patterns of Religion* (Minneapolis: Fortress, 1977), 442～443。在文本之內，神學角度的解讀自然為書信帶出，「答案先於問題」的評估。若由書信以外的觀察來看，宣教的目的也會產生相同的結果。

9 對於這個寬廣詮釋最有影響力的觀察，來自 Ernst Kasemann & W. J. Montague, *New Testament Questions of Today* (Philadelphia: Fortress, 1969), 168 ～ 182。

10 John D. Moores, *Wrestling with Rationality in Paul: Romans 1 ～ 8 in a New Perspective* (Cambridge: Cambridge University Press, 1995), 40 正確又清楚地指出，有關保羅邏輯的兩件事實：第一，信主要是義的管道；第二，保羅的主要強調並不在於證明福音可以拯救，而在於指出福音如何（藉著信）拯救，以及是甚麼（上帝的義）拯救人。

11 N. T. Wright, *Romans* (Nashville: Abingdon, 2002), 424 ～ 426. 他稱其他較簡單的觀點為「極簡抽象派」(minimalist)，但他「最全面的」(maximal) 的詮釋也未必完全有幫助。羅馬書的原始讀者可能知道哈巴谷書二章 4 節的引述甚或故事，但這與說他們必然知道是完全不同的。賴特以神學的角度解讀羅馬書，認為福音是上帝至終將懲罰拜偶像者，與拯救以色列的信仰。他的看法似乎與被擄後的情懷十分一致。雖然我們可以由保羅的舊約引述來支持這種看法；然而，這種主題不見得總是主導保羅的書信。

12 有關這個過程的更仔細討論，參我的論文：〈外邦人說亞蘭文？——「阿爸」隱喻與基督徒的屬靈經驗〉，載《中國神學研究院期刊》第四十二期（2007 年 1 月），頁 113 ～ 133。O. Palmer Robertson, "The Justified (by faith) shall live by his steadfast trust-Habakkuk 2.4," in *Presbyterion* 9 (1983), 64 提出一個極有意思的建議，他認為，哈巴谷書二章 4 節是創世記十五章 6 節的回響。然而，這種看法不太令人信服，因為羅馬書的讀者如何可能了解這種回響呢？

## 阿波羅神廟——敬拜自然

這是阿波羅神廟的照片。在照片中，從阿波羅神廟可眺望著哥林多市集廣場。單從神廟的巨大，保羅就可以體會這個被用來敬拜偶像的建築物，所具有的重要性。神廟的圓柱罩具有多利斯型的風格，顯示神廟的年代比保羅的時期更為久遠。但這棟古舊的神廟至今仍然佇立。雖然在保羅的時期，阿波羅神廟似乎已成廢墟，但在神廟的下面，仍有許多較為方便的神殿，供人繼續敬拜阿波羅。

在圖中可見我背著當時才一歲的小兒子煥者，站在神廟下面。相形之下，神廟堅固及龐大。阿波羅之所以成為敬拜的對象，乃因他具有日神的屬性。神話中的阿波羅，駕著日頭馬車橫跨天空，因此將日夜分隔開來。這種敬拜自然的行為，是保羅的宣教所必須面對的重要議題。保羅在羅馬書一章提到，自然是上帝的啟示但不代表上帝自己。在這個專門用來敬拜日神的巨大歷史遺迹之蔭下，這句陳述顯得無比真實！

# 第三章
## 不完全的人為制度
## （一 18 ～三 20）

### 引言

在一章 16 至 17 節，保羅簡要地為讀者提供福音良方；然後，他繼續在一章 18 節至三章 20 節，展現福音的必需性。這個段落的關鍵詮釋經文，來自下文的三章 21 節。保羅在三章 21 節這個鎖鑰經文中，為讀者顯明上帝嶄新的解決方式。在上文，尤其是一章 16 節，保羅以帶出大好消息的福音為傲，這成為他宣講福音的第一個理由。在新段落的一開始，保羅馬上為讀者提供宣講福音的第二個理由。[1] 一章 18 節說明，他宣講福音的第二個理由，是由人的問題而產生的上帝的憤怒。保羅的論述指出所有人類的罪行。不論老或少，猶太人或外邦人，甚至道德主義者或享樂主義者；每一個人都與罪有分。在前言所提出的普世福音，就是為了要解決罪這個普世的問題。

保羅合邏輯地由三方面帶出人的光景：普遍的罪惡（羅一 18 ～ 32），道德主義者的罪惡（二 1 ～ 16）與猶太人的罪惡（二 17 ～三 8）。最後，保羅為普世的罪惡作出總結（三 9 ～ 20）。在各種罪惡的分類上，保羅採用許多猶太道德傳統和一些外邦傳統，來顯示基督徒或非基督徒所共同認知的普世問題。敏銳的讀者應該注意到，保羅乃是由不同的個人羣體來針對罪的問題。保羅對人類與罪的看法，是解讀羅馬書的重要考慮。他的集體概念（corporate concept），比將全人類視為一個「個人的集合體」（collection of individuals）來得更為寬廣。集體犯罪的力量，超過個人犯罪對人類的影響；這是不容忽略的觀察。保羅甚至使用現階段的討論，為羅馬書五章的論證設下前鋪。第五章將為讀者論述來自亞當的集體罪惡。這種謹慎的修辭策略清楚顯示，保羅是書信寫作的超級組織者。他從不雜亂無章或任意建構他的書信。

## 普遍的罪惡（一 18 ～ 32）

保羅使用一個主要問題：上帝的憤怒（羅一 18），來總結出現在一章 18 至 32 節的普遍罪惡。[2] 在不用向更高權威負責的情況下，人的道德只具主觀的成分。這段經文所列舉的罪惡，與保羅當時的猶太智慧文獻有相似之處（例如，大約公元十年寫成的《所羅門智訓》，13 ～ 14）。這些罪惡通常發生在外邦人中間。然而，保羅並未刻意區分種族的差別，可見保羅認為行這些罪惡的人，是超越外邦人範疇的更廣大人羣。保羅不但提及上帝憤怒的事實，並且指出上帝憤怒的對象。

上帝憤怒的第一個對象是「所有不虔的人」，而「所有不義的人」隨之出現，成為上帝憤怒的第二個對象。不虔的人違犯上帝與人之間的關係，不義的人則違犯上帝的屬性。事實上，一章 29 節顯示，不義也是一種侵害人的過犯。這種不義強烈地對照了保羅的福音，因為一章 17 節的福音包含上帝的義。可見，不虔滋生與上帝和與人的不良關係。在討論憤怒的對象之後，保羅解釋上帝憤怒的四項理由。這四項理由的出現次序，也顯示人沉淪至拜偶像的自然結局；而拜偶像正是舊約高度譴責的罪惡。無怪乎，人類迫切需要上帝的義。如此看來，宣教的本質乃為免除人類落在上帝的憤怒下！

茲將這四項理由分列於下。

第一，一章 19 至 20 節顯示，人拒絕看見上帝。有些人將這段經文視為，保羅藉著大自然而發展出來的一般啟示教義。但根據外邦人崇拜多神的模式來理解經文，更加合宜。讀者若是對羅馬背景認識不深，就應該知道，在保羅的時代根本沒有無神論者的存在。因此保羅在此論及的無神論，其實是一種實際的生活表現。第二， 一章 19 至 20 節的不虔，繼續惡化成一章 21 節的不榮耀上帝與不感謝上帝。人雖然知道上帝，卻不尊祂為上帝！第三，一章 21 節下的虛妄思念，以及一章 22 節以誇口形式出現的自我崇拜，完全來自不虔的問題。第四，一章 23 與 25 節，充分流露無法遏止的拜偶像情況。而這段經文所描述的大部分罪惡，都可見於保羅撰寫羅馬書的哥林多城。

一言以蔽之，人的墮落由不虔開始，繼而演變成自我崇拜，最後沉淪至拜偶像的結局。因著這四項理由，上帝在一章 24 至 32 節，發出兩種形式的審判。

第一，在一章 24 節與 26 至 27 節，上帝任憑人的尊嚴墮落。保羅寫作羅馬書的哥林多城，一向以不道德聞名遐邇。雖然哥林多不見得比其他希羅城市更加沉淪，但希臘人常使用俚語「作一個哥林多人」（to be a Corinthian / *corinqiazomai*），來形容道德非常低落的人。經文明顯流露人的整個處境，與上帝的次序完全倒轉。當然，如果人的尊嚴日益降低，那麼人際關係也會愈來愈墮落。

第二，在一章 28 至 32 節，上帝任憑人的關係墮落。這段經文列舉了一系列的社會罪惡。尤有甚者，一章32節的「這些事」，充分流露保羅所觀察的社會罪惡遠超他的列舉。但因他對這些罪惡的憎惡，使他不願意再多加討論。

保羅的信息非常清楚：大自然顯明上帝的存在。至終，對於大自然的研究應當將人引向真實的敬虔，而不是偶像的敬拜。然而，在羅馬城內，神廟到處林立。甚至，連凱撒大帝都已經開始承擔像神一樣的超人地位。另外，保羅對於道德的評論亦值得注意。顯然保羅的有神論觀點，使他覺得人類的混亂的確是上帝的審判。換言之，上帝毫無限制地任憑人類滿足所有的慾望（不論好或壞），就是一種審判。這種討論預備讀者面對後文有關政府功能的教導。順服在上掌權者的經文，將出現於十三章1至7節。其實保羅並不反對政府，他所反對的乃是人的制度所產生的腐敗。藉著羅馬背景的觀察，保羅宣告人類制度的無望。甚至保羅時代最好的羅馬帝國制度，都無法拯救人類。

到目前為止，偶像敬拜無疑是保羅闡述中最主要的總綱性罪惡。保羅當日針對這種虛假理念所提出的控訴，至今仍然向全球性的消費刺激，發出響亮的警鐘。電子革命的產生，縮細了世界之間的距離，致使西方的消費主義幾乎壓倒性地征服了整個世界。事實上，一些敏銳的觀察家已經注意到，亞洲（尤其是香港、台灣、中國與日本）已經在物質的消費上超越西方國家。在這些引人步入罪惡與束縛的權勢之下，保羅的福音對當今的處境更顯貼切。基本上，罪就是敬拜這些權勢過於真正偉大又全能的上帝。總結來說，只有三章21節所展現的上帝的新時代，可以拯救世界免於敗壞與墮落！

## 道德主義者的罪惡（二 1～16）

在道德的譴責中創造一個對話者，是保羅在羅馬書的寫作上，最喜歡使用的一種修辭策略。由一章 18 至 32 節第三人稱複數的罪人，進入二章 1 節單數的「你」，清楚顯示保羅對話者的轉變。保羅承認當時一般人所具有的道德觀念，但他同時否認以道德拯救人類的可能性。因此，上帝根據下列三項理由，向道德主義者發出審判。

第一，二章 1 至 5 節顯示，上帝根據是否持續行善的事實審判道德主義者。而審判則是以上帝的真理為基礎（參羅九 1）。[3] 這段經文所顯示的罪，包括偽善（二 1～2）和剛硬（二 5）。[4] 可見，道德主義者之所以被審判，乃是因為自己心懷罪惡，卻仍論斷別人的過錯。尤有甚者，他還自以為義，並且剛硬不悔改。人可能不會百分百的不道德，但道德主義者卻也不像自己所聲稱的那樣道德。

第二，二章 6 至 11 節顯示，上帝依照各人的行為施行審判。因此，上帝對各人的審判，將因不同的情況而有多有少。保羅在二章 6 節引用詩篇六十二篇 12 節。初期教會常以詩篇的吟唱來敬拜上帝，因此讀者對於詩篇必定相當熟悉。

第三，二章 12 至 16 節顯示，上帝最後根據人的知識審判道德主義者。此處的道德主義者包括猶太人（二 12）和外邦人（二 14～15）。[5] 第三種審判顯示，不論在外邦人或猶太人的陣營中，都有道德主義者存在。他們將根據自己的道德標準接受審判。甚至根據自己的道德標準，他們都無法自救。在進入定猶太人罪之前，保羅以二章 16 節的簡短摘要，總結了他定道德主義者的罪。這種普世語調，巧妙地將經文轉接進入下文有關猶太人的討論。

保羅的宣教展現全人類的悲慘光景，他們正生活在羅馬的統治之下。最可憐的是，羅馬帝國主義無法幫助人民完全實現他們的社會與道德責任。直至目前，羅馬帝國惟一達成的種族合一，就是全人類都被上帝宣告有罪。雖然有些羅馬人稱呼他們所不喜歡的種族為野蠻人，但這段經文卻明說羅馬人或非羅馬人（例如猶太人）都在審判之下。羅馬的和平顯然無法解決人類的困境。保羅為何需要宣教，因為沒有一個道德主義者的道德可以自救。

## 猶太人的罪惡（二 17 ～三 8）

現在保羅愈來愈接近整個帝國或普世定罪的討論核心。換言之，凡生活在帝國福音之下的人，都無法逃脫上帝的定罪；甚至連保羅自己的骨肉之親，也難逃定罪的命運。[6] 保羅在這段經文中，以兩種審判定猶太人罪。

第一，二章 17 至 24 節顯示，猶太人因違犯律法的教訓而受審判。就像保羅在二章 1 節使用單數的「你」一樣；二章 17 至 20 節的對話，也以單數的「你」進行。好像保羅在對一個假想的人物說話一樣，而這個人正是受審判之人的典型。根據歷史事實，提庇留皇帝（Tiberius）在公元十九年將猶太人趕出羅馬，因為他們盜用外邦信徒捐獻給聖殿的金錢（Josephus *BJ* 18.81；Tacitus *Ann.* 2.85.4；Dio Cassius, *Hist.* 57.18.5）。另外，不付聖殿稅錢的例子，在當時也十分普遍（Pss. Solomon 8.11 ～ 13；T. Levi 14.5）。[7] 根據二章 24 節，猶太人違犯律法，致使上帝的名在外邦人中受了褻瀆。因為他們未能在外邦人面前，活出道德的榜樣；因此他們在革老丟皇帝當政時期，再度遭到驅逐。他們在保羅的時代重新返回羅馬，成為過去失敗的響亮提醒。

第二，二章25至29節顯示，猶太人因違犯與上帝的立約而受審判。整段經文以割禮為討論中心，因為割禮是與上帝立約的外在記號。在保羅的時代，有關割禮的論說繁雜不一。有些外邦信徒不需要行割禮，也可以自由出入會堂。顯然，保羅之所以使用割禮為例子，乃因它是衡量猶太人和外邦信徒是否敬虔的最嚴格指標。這個記號提醒上帝的子民勿忘自己的身分。他們必須流露有好行為的生命。然而，二章25節指出行善是會有嚴重挫敗的。

實際來說，割禮必須代表內在的實質，才具有功效。[8] 在定猶太人罪的結論中，保羅預期兩種反對他的看法。

第一，三章1節所提及的反對，認為割禮沒有甚麼益處。

第二，三章7節所提及的反對極其荒謬，因為它認為人的不義，是表達上帝更公義的管道。三章8節則為這個可笑的反對提出答案；保羅認為可能有人傳說，保羅以恩典為中心的福音，實際鼓勵人作惡。更有可能的是，保羅採用他人毀謗保羅名譽的事實，來定這項可笑的反對的罪。

保羅這段論證顯然跨越了種族的界線。若由帝國的情境來觀察，保羅的論證更顯重要。一般來說，羅馬帝國對於各樣理念的包容性十分寬廣，只要這些理念不與皇帝的絕對主權衝突即可存在。以猶太人為例，雖然猶太人的信仰與當時的宗教顯著不同，但他們仍然得享實行宗教生活的特殊利益。在這種情況下，羅馬帝國還能合理地控制猶太人。然而，保羅發現這種似乎理想的處境，依然無法產生理想的結果。事實上，即使在最佳的黃金年代，猶太人仍舊無法實現他們的理想。這個更廣的情境，就是羅馬帝國為要使人類的生活達到最高境界，而以人手創造的多元化社會。不幸的是，在頃刻之間，人類完全失敗，甚至上帝所揀選的猶太人都不例外。

從重返羅馬的猶太基督徒與既存的外邦基督徒之間的社會衝突來看，出現在定外邦人罪之後的猶太人段落，也具有十分重要的涵義。換言之，猶太人和外邦人都要承認，他們需要上帝在律法以外的恩典和義（羅三 21）。

## 結論——世人都被定罪（三 9 ～ 20）

保羅以前面的討論，引出這段最後的結論。這段經文常被用來例證全然敗壞的教義（doctrine of total depravity）。雖然全然敗壞的教義與教會的一般教導頗為一致，但保羅這段經文的意義，卻蘊藏更深廣的意義。換言之，全然敗壞的教義只是這段經文的一半信息。這段經文的主要功能，在於回答下列問題：「那麼，人為甚麼需要福音呢？」因此，這段討論與包含在本書前言和結語的宣教目的完全一致。更確切地說，保羅僅是使用人類的罪，來解釋為甚麼他的普世宣教是非常合理的行動。

保羅使用一連串引述的構想，帶出為何人類需要福音的兩大理由。[9]

人類需要福音的第一個理由，是全人類中每一個人都是全然敗壞的。三章 10 至 18 節由心開始（羅三 10 ～ 11），帶出手（三 12）、口（三 13 ～ 14）、腳（三 15 ～ 16）、頭與眼睛（三 17 ～ 18）的全人敗壞。保羅的描述極其有趣，他由人的內在部分逐漸擴展到人的外在部分。這種邏輯可能指出，敗壞實際蘊藏在人心深處。更重要地，在希臘文中，這一連串引述的動詞都是現在式，表明某種情況的存在。這個圖畫為一種生活方式下定義。許多人對保羅全然敗壞的教義，有一種常見的誤解，也就是將人視為邪惡已極（從頭到腳）。這是嚴重地誇大其詞。保羅根本沒有這個意思。相反地，保羅乃是說，人的每一部分（從頭到腳）都被罪污染。因此，沒有一個人可以完全達到「義」的標準。

人類需要福音的第二個理由，是人類將面臨集體的毀滅（羅三 19 ～ 20）。換言之，不僅個人要毀壞，連整個人類都將走向滅亡的結局。所有在律法以下的人，包括猶太人（二 17）和外邦人（二 12 ～ 16）（即整個人類），都將遭受律法的定罪。

直至目前，保羅由一至三章的論證顯示全人類已被定罪。極其諷刺的是，羅馬帝國也倡導一種新人類。這種新人類完全受制於一個皇帝的管治。羅馬的法律是當時世界的最高峯，理當帶出公平治理的社會。而贊助的制度也應該塑造一些社會次序的外貌。然而，甚至最好的政府都無法引出人類最好的一面。

人類的光景是如此黑暗，惟獨一種與帝國理念和人為倫理合一徹底不同的解決方式，才能拯救人類。這解決方式來自保羅的宣教。對保羅而言，保羅沒有與羅馬帝國對立，他以一種順應趨勢的正面方式與其對話。實際上，保羅可能認為宣教對羅馬帝國大有好處，因為不論義的標準來自人或上帝，羅馬帝國都無法使人達到這些標準。[10] 因此，保羅希望藉著信仰的改變，來實現人類無法成就的拯救。換言之，惟獨藉著基督，才有可能產生一個嶄新、純潔又合一的人類。

保羅的福音向他當時的司法制度（即羅馬帝國），和今日的掌權者大聲疾呼。在承認人類的軟弱與罪惡之後，基督徒必然明白無論政府或商業成就，都無法改變這個世界。只有穿透人心的福音，能夠力挽狂瀾。至少這是來自保羅的警告。如果人不把罪當作一回事，那麼世界就不需要福音和宣教了。然而，福音將成為我們下部分詮釋的主題。保羅有關罪和福音的觀念，非常嚴肅地向今日的全球政治趨勢提出警告。它呼籲設立倫理政策的政府和人民團體，必須負起集體的責任。如果現代的政治家與殖民勢力，能夠嚴肅地面對保羅有關集體罪惡的觀點，那麼類似德國納粹和盧旺達（Rwanda）的種族大屠殺，或許不致發生。一個真正宣教的教會，必然以福音滲透及征服世界。這種教會就是解決人類集體罪惡的關鍵答案！

## 問題思考

- 創世記和羅馬書第一章有何相關？
- 為甚麼這種關係意義深長？
- 保羅的論證由人類推展至道德主義者、猶太人，以至於全人類；為甚麼論證的次序非常重要？
- 甚麼是保羅全然敗壞的教義？對於這個教義的普見誤解又是甚麼？
- 為甚麼全然敗壞的教義，只是這個重要段落的部分信息？
- 關鍵詮釋經文三章21節，如何為羅馬書一至三章的內容下定義？
- 甚麼是羅馬書一至三章的完整信息？
- 我們應當如何理解割禮的觀念？
- 你認為保羅為甚麼使用割禮，來界定猶太人有沒有義的問題？
- 對現代基督徒而言，有哪些事就像古代的割禮一樣？
- 保羅對人性的評估，如何影響你的各樣關係？
- 保羅對人性的評估，如何讓我們認識宣教的重要性？

註釋：

1 一章 18 節的「原來」（for）一字，顯示保羅必須宣講福音的第二個理由。第一個「原來」（for）可見於希臘文的一章 16 節。另外，我們最好將一章 17 節的「因為」（for），與一章 16 節連結成一個完整的概念。

2 「憤怒」（wrath / ὀργὴ）應該被定義為，上帝對罪的反應有一種緩慢燃燒的憤怒。雖然這個詞也可用來描述人的情感，但用它來描述上帝時，通常與人違犯上帝的律法有關。二十世紀中期的新約學者，傾向將這種憤怒的情感層面除去。他們認為這是上帝的一種反應，但卻未必帶有強烈的情感。更詳細討論，參 John R. W, Stott, *Romans* (Downers Grove: IVP, 1994), 71～74。另外，任何將上帝變得比較和善、溫柔或與人親近的努力，將使讀者對保羅的「上帝的憤怒」失去客觀的判斷。既然「憤怒」一詞，與人的強烈情感有關；那麼這個字也應該擬人化地被應用在對上帝的描述上。

3 就像羅馬書九章 1 節一樣，"ἀλήθειαν" 可以代表事實，而事實是由上帝定義的。

4 二章 1 節用「不同類的人」（of a different kind / τὸν ἕτερον），來描述被道德家定罪的人；以此指出道德家認為自己與罪人不同。在希臘文中，二章 5 節的「剛硬」，常被用來代表死的植物。而在希臘文中，二章 5 節的「不悔改」則具有拒絕改變心態與行動的意義。

5 保羅用來代表「是非之心」的詞，有可能來自像斯多亞學派（Stoics）智者的哲學家，他們宣稱人必須跟隨自然的法律。我們必須特別注意保羅所描述的道德家，具有包含猶太人與外邦人的普世性。對於重返羅馬的猶太基督徒，保羅對於基督的特別提及，絕對具有彌賽亞的意味。

6 使用「猶太人」而非「以色列人」來描述這段經文中的人，具有重要的意義。在被擄後的情境中，猶太人代表那些祖先來自猶大的人。他們在被擄中被存留下來，現在生活在羅馬殖民統治者之下。他們的生活具有猶太人的特徵，使他們與其他人有所區別。他們的生活方式實際將他們與其他種族分別出來。「猶太人」一詞，代表他們的身分。

7 Moo, *Epistle to the Romans*, 164 認為，猶太人是惟一受到逼迫的看法，這看法可能太過單純。當時跟隨伊西斯異教（Isis）的埃及人也受到提庇留皇帝的影響。參 Wolfgang Wiefel, "Jewish Community in Ancient Rome and the Origins

of Roman Christianity," in *The Roman Debate*, ed. Karl Donfried (Peabody: Hendrickson, 1995), *bate*, 88。

8 在二章 29 節突然出現的「靈」，預備讀者進入羅馬書八章有關靠著聖靈活出新生命的討論。甚至早在罪的討論時，保羅已經想到罪的解決方式，也就是出現在後文的「靈」。書信內容的安排顯示保羅在執筆前，已經周全地建構了書信的內容。

9 "Catena" 是詩的引述串連，這些引述可能來自舊約聖經之內或之外的資料，以例證一個總綱性的觀點。

10 這並不表示保羅對於人的義具有正面的看法。保羅許多有關人類犯罪的例證，與當時哲學家的道德對話有不少相似之處。由這些例子，保羅顯示人類不但在上帝的標準上失敗（即更高與完美的標準），也同時在人的標準上失敗（即根據羅馬書，人類道德的最基本層面）。

# 哥林多的廣場與衛城

這張照片可以是商業、政治和宗教在保羅撰寫羅馬書的哥林多所扮演的重要角色的例證。這張照片以宣教為總綱題旨，並同時展現羅馬書的三個主題：宣教、帝國主義、種族分裂。照片顯示，羅馬帝國的勢力，再次以買賣熱烈進行的商業中心為焦點。

這張照片拍下兩個非常重要的地點。第一個重要的地點，就是迦流審判案件的所在地。他在德爾菲（Delphi）的碑文，確定當時的年代大約介乎於公元五十一至五十二年間。正如照片所顯示的，審判所在地的左右兩邊都是商店。使徒行傳十八章 12 至 17 節描述，迦流只審判與羅馬直接相關的案件。當猶太人控告保羅向外邦人傳福音時，迦流呼籲猶太人勿以這類種族議題，干擾他的審判職權。審判的所在地，流露羅馬的決策權力，正好在哥林多市場的活動中心。使徒行傳十八章也讓我們看見，如果保羅決定繼續進行他的西班牙宣教，他將面臨種族方面的麻煩。或許審判所在地的景觀激發保羅，在羅馬書十三章討論宣教、教會見證與羅馬帝國之間的關係。第二個重要的地點是抬頭就可看見的哥林多衛城。右邊的大山丘，是人所皆知的愛芙羅黛蒂女神廟（Aphrodite Temple）的所在地。身為愛的女神，愛芙羅黛蒂女神廟因住有一千名神廟娼妓而聲名遠播。雖然神廟的地點並不像可以容納那麼多女人，但它仍以色情聞名。如此說來，哥林多的衛城成為表彰外邦道德價值觀的地理—建築陳述。近年來，許多專家傾向為哥林多洗清不道德之城的臭名。在蘭西（John R. Lanci）的研究中，他提出愛芙羅黛蒂女神廟從來沒有娼妓住在其中的說法。他偏激的懷疑論，的確值得我們注意。雖然我們不能完全相信古典與現代作家，但他們也不應全然被忽略。儘管在保羅的時代，愛芙羅黛蒂女神廟已經不再具有功能，然而，愛芙羅黛蒂的雕像仍是惟一的裸體女神。這項事實顯示，即便現代歷史學者想要重寫歷史，他們還是無法洗刷敬拜愛芙羅黛蒂女神的不道德名聲。

（參 John R. Lanci, “The Stones Don’t Speak and the Text Tells Lies,” in *Urban Religion in Roman Corinth*, eds. Daniel N. Schowalter & Steven J. Friesen, HTS, 53〔Cambridge: Harvard University Press, 2005〕, 205~220。）

# 第四章

# 克服不完全的制度——上帝的義（三 21 ~五 21）

## 引言

根據本書導論部分的羅馬書綱要，本段經文是一個主要的段落分隔點。它為保羅在前文所提出的人類困境提供答案，而三章 21 節也正是羅馬書一至六章的關鍵詮釋經文。解決人類困境的答案並不來自羅馬皇帝或他所設立的制度，而是來自另一位至高君王耶穌基督。總的來說，保羅由兩方面提供上帝解決人類困境的答案，並且為這兩方面的答案帶出具體的證據支持。因此，下文將依序展開四個段落的討論。這四個段落分別如下：

第一方面：上帝在基督裏的義（羅三 21 ～ 30）

第二方面：上帝在基督之前的義（羅三 31 ～四 25）

支持第一與第二方面的證據（1）——信主的經驗克服過去的罪（羅五 1 ～ 11）

支持第一與第二方面的證據（2）——新人類克服罪的權勢（羅五 12 ～ 21）

# 第一方面：上帝在基督裏的義（三 21 ～ 30）

第一方面的答案可由四部分來觀察。[1] 首先，保羅在三章 21 節提及，律法和先知早已見證上帝在基督裏的義。上帝以持久的效力，顯明祂在基督裏的義。上帝使用聖經顯明自己，因為聖經是上帝彰顯自己的工具。[2] 聖經的話語指向來自基督的救贖，因為基督的救贖應驗了聖經的話語。在實現宣教的過程中，保羅繼續將上帝在基督裏的義顯明出來。此時，保羅戲劇性的信主經歷，應該已是教會眾所皆知的事實。保羅如何根據他在大馬士革路上的經歷，來觀看上帝在基督裏的義？原來，上帝在基督這位人物身上（Person）揭示祂的奧祕。上帝將肉眼看不見的，彰顯在基督裏。如此說來，歷史在基督身上顯出它的目的。所謂的黃金時代，並未始於奧古斯督所建造的帝國，也未因尼祿的新近加冕而延續，更不具任何改造保羅的能力。保羅之所以徹底改變，乃是因為他經歷了基督的啟示。而這啟示就是舊約的主要目的。

其次，保羅在三章 22 節顯明，人以信心的方式獲得上帝的義。信心，雖然不是基督教的基礎，卻是上帝用來拯救世人的工具。[3] 信心不是相信一個東西，或一套教義。相反地，信心是對耶穌基督的全然委身。更具體地說，信心的行動或本質無法拯救人類。在保羅的時代，有許多人相信新皇帝將為他們帶來更好的日子，但至終，他們的信心沒有贏得任何回報。因此，他們繼續盼望著⋯⋯然而，保羅的福音使人因信基督而立即獲得認識上帝的義的回報。

第三，保羅在三章 22 節指出，耶穌基督是顯明上帝的義的基礎。

第四，保羅在三章22節論到，上帝的義的範圍就像一章16節下所言的；凡猶太人與外邦人，都可以在福音之下合為一體。

除了上帝的義的顯明之外，保羅繼續描述上帝的義的工作。保羅的描述可分為兩部分來觀察。第一，保羅在三章23節解釋，為甚麼上帝所提供的答案如此重要。第二，保羅在三章24節討論，上帝的工作的功效。上帝以律法的方式（即「稱義」），藉耶穌基督的救贖解決奴僕的問題（即一個律法上的問題）。除了律法層面之外，這個問題更深入觸及關係層面。因為保羅在三章25至26節，帶出上帝與人在關係上的問題。對保羅而言，這正是人類社會病態的根本原因。因此，上帝的解決方式就是設立基督為挽回祭。

保羅在此展現一幅公義的畫像，因為他刻意要彰顯基督教超越現存制度（或任何其他制度）的至高公義。羅馬的贊助人（patron sponsorship）制度並非根基於白白的恩典。它乃以取悅有權者，並期盼獲得社會上的好處為基礎。保羅的福音正是贊助人制度的反面。保羅所倡導的制度以恩典為中心，尤其對外邦人－猶太人的關係具有重要的涵義。

現在，保羅在三章27至30節談論，上帝的義的工作所產生的兩種現實經歷。第一，保羅在三章27至28節，力勸信徒要謙卑。第二，保羅在三章29至30節，鼓勵信徒要合一。[4] 保羅的合一觀念，極有可能是一種出於三種來源的啟示。第一，他的合一觀念可能來自返回羅馬的猶太基督徒，因為他們可能聲稱：「耶和華是我們的上帝。」第二，他的合一觀念可能來自舊約的示瑪（*Shema*）申命記六章4節。因為這節經文強調，耶和華與迦南假神完全不同的獨特性。第三，也是最重要的，他的合一觀念可能來自他在大馬士革路上的個人經歷（徒九4）。實際上，被保羅逼迫的教會是一個身體，她是基督的代表。當時可能有人誤會，保羅的宣教意圖分裂人類。因此，保羅一貫地介紹他的宣教，是一種促使全人類歸於真神的合一運動。可見，保羅所展現的思想，具有強烈的社會衝擊力。這個觀念對重返羅馬的猶太基督徒更形重要，因為他們有可能在種族的衝突中，棄絕對保羅的宣教支持。羅馬的政治合一，無法解決妨礙教會真正合一的種族問題。惟有承認所有的基督徒，在上帝面前具有一樣的地位，才能根除種族衝突的問題。

## 第二方面：上帝在基督之前的義（三 31 ～四 25）

這段經文以三章 31 節為開始，因為三章 31 節是亞伯拉罕故事的序言。亞伯拉罕的故事顯示，保羅的宣教如何堅固律法。當然，亞伯拉罕的故事也包含在律法之中。如此說來，亞伯拉罕的故事不僅重申信心在舊約的角色。它還蘊藏更深廣的涵義。換言之，它為保羅的福音對猶太基督徒的友好態度，提出辯護。亞伯拉罕論證的結構可見於下：

A 因信而建立律法？（三 31）
　B 問題：「亞伯拉罕的信？」（四 1）
　　　C 問題：「亞伯拉罕的義？」（四 2 ～ 3 上）
　　　　——無可誇
　　　C 答案：「亞伯拉罕的義」（四 3 下～ 8）
　B 答案：「亞伯拉罕的信」（四 9 ～ 12）信的首要性
A 因信上帝的應許而建立律法（四 13 ～ 25）

亞伯拉罕論證的結構中心點C，清楚指向三章27節。所以，亞伯拉罕的故事例證了三章21至30節的論述。在重複不斷的結構中，信心與謙卑相伴而行的觀念躍然呈現。只要稍稍瀏覽經文，讀者就可輕易發現這一章與上段經文，的確有許多下列圖表所顯示的相似題旨。

| 四1~25 | 三21~30 |
| --- | --- |
| 謙卑（四2） | 沒有可誇的了（三27） |
| 因信稱義的恩典（四4～5） | 上帝的義，因信耶穌基督，加給一切相信的人（三22、23） |
| 上帝的赦免是所有人都可得的（四7） | 上帝寬容人先時所犯的罪（三25下） |
| 罪被遮蓋（四7） | 憑著耶穌的血（三25上） |
| 主不算為有罪（四8） | 因耶穌基督的救贖，就白白的稱義（三24） |
| 耶穌被交給人，是為我們的過犯，復活，是為叫我們稱義（四25） | 上帝設立耶穌作挽回祭（三25） |

顯然，猶太基督徒重返羅馬之後為教會製造不少困擾。而保羅在口述傳遞信息的過程中，藉著重複的技巧強調他的論點，必然使聆聽者留下深刻的印象。

那麼，保羅的福音究竟如何堅固律法呢？保羅以三個答案肯定他這項論證。

第一，保羅在四章1節和9至12節說明，舊約中的得救乃憑信心而非律法。保羅辯證亞伯拉罕受割禮的次序，是信心先於割禮律法的指標。在被擄後的外邦統治下，割禮和飲食的律法成為猶太人表現敬虔的兩種方式。保羅也在四章11至12節，使用亞伯拉罕受割禮的目的，來肯定割禮不過是亞伯拉罕因信稱義的印證。

第二，保羅指出在舊約，因信稱義所產生的結果，與新約的謙卑（羅四2）、白白稱義的地位（四3）、白白的赦免（四7）、罪被遮蓋（四7）、不算為有罪（四8）等相同。

第三，保羅在四章 17 至 25 節清楚解釋，信心和恩典實際是亞伯拉罕生命中的正常經歷。換言之，信心和恩典是舊約的常規。認為舊約是律法而新約是恩典的觀念，顯然出於一種不必要的二分法，並不符合保羅的神學思想。

惟獨經由亞伯拉罕的後裔，耶穌被證明是基督。這麼說來，只要教會在基督裏，也就是屬於亞伯拉罕的後裔；教會就屬乎亞伯拉罕。雖在羅馬帝國的統治下，但基督教和猶太人都將經由亞伯拉罕，而獲致最後的勝利。極為特別地，保羅以猶太的方式為猶太人和外邦人提供合一的路徑。因此，即便在外邦宣教中，保羅也從來沒有忽略猶太人的重要性。儘管福音的顯明，具有先猶太人後外邦人的次序（羅一 16）；但保羅絕對沒有要求猶太人變成外邦人，他更不要外邦人變成猶太人。他要猶太人和外邦人，同樣成為在基督裏的新子民。上帝的國度由亞伯拉罕開始延續，最後在基督的新國度裏完全實現。誠然，保羅的宣教確信這個新國度，將完全取代地上的國度。

## 支持第一與第二方面的證據（1）——信主的經驗克服過去的罪（五 1 ～ 11）

信徒生命的六種經驗，也可約略地證明上帝所提供的答案。這項評估應當是正確的，因為保羅的用字由第三人稱代名詞，轉變成複數的第一人稱「我們」。可見，這是每一個在基督裏的人所共有的經驗。複數的用法顯示，這些經驗的共有性和集體性。

第一，五章 1 節說明信徒有平安，因為信徒藉著主耶穌基督得與上帝和好。在羅馬人所偏好的拉丁文中，“*pacare*” 意味藉著政治動亂的平息而產生的平安。更確切地說，羅馬人的平安是一種沒有戰爭的社會－政治平安。但保羅所強調的平安，是由基督之恩典而來的副產品（羅一 7）。

第二，五章 2 節指出，信主的經驗使信徒能夠進入上帝的恩典中。「得進入」一詞，常被用來描述臣民進到王的面前。世上的臣民不能毫無限制地進到君王面前。但在基督的國度中，信徒卻能自由地進入上帝的恩典中。

第三，五章 2 節下描述，信主的經驗使信徒產生一種新的自信，因此信徒可為所盼望的事誇口。

第四，五章 3 至 4 節提及，信主的經驗使信徒具有一種新力量。這種新力量經由在患難中「歡歡喜喜／誇口」的能力表露無遺。此處的患難針對集體基督徒而言，因為經文明說「我們的」患難。初期教會的基督徒常是被社會逐出的羣體。他們也不敬拜凱撒，因而使人誤會他們是一羣不愛國分子。至終，對保羅而言，福音是有代價的。雖然代價不輕，但卻帶出一系列的好處：忍耐、老練、盼望。在帝國贊助人的制度下，對於皇帝權力聯絡網沒有百分之百效忠的人，必然遭受某種不利的後果。在品格的改變中，這羣基督徒顯示基督的主權絕對超越皇帝之上。而在支持保羅的宣教上，這羣基督徒所流露的合一力量，足能使福音征服整個羅馬帝國。

第五，五章 5 節下顯示，信主的經驗使信徒充滿愛。[5] 在羅馬書有關信徒生活的討論上，聖靈第二次出現在這段經文中。因此，這段經文成為羅馬書七至八章和十二章的適切引導。除了聖靈的澆灌之外，五章 5 至 6 節以三位一體的字彙，總結整個愛的經驗。這種愛的明證來自耶穌的挽回祭。在所定的日期，上帝差祂的獨生子為祂所揀選的人而死。按羅馬書一至三章，這些蒙上帝揀選的人，在本質上既不公義也不良善。上帝對人無條件的愛，是擁有利害關係之贊助人制度的羅馬，所稀奇與陌生的新鮮事。然而，保羅的福音就是如此不同！羅馬教會中的爭吵，極有可能源自猶太基督徒和外邦基督徒之間。這些猶太基督徒在被迫離開羅馬之前建立了教會。當他們再度返回時，教會已被外邦基督徒所取代。在此，保羅強力倡導來自上帝的愛的經歷，以激勵所有信徒以相同的愛彼此對待。

第六，最高峯的信主經驗，就是五章 10 至 11 節的與上帝和好。對希臘文化來說，「和好」是一個獨特並且鮮被使用的詞。到目前為止，羅馬書讓我們看見，當教會被稱義時，上帝的義就得到滿足。當教會與上帝和好時，上帝的愛就彰顯。可見，第六種經驗是信主經驗的最高潮點，因為在保羅的時代，與上帝和好的關係確實與世上的其他關係迥然不同。在羅馬的制度中，冒犯者通常被處以公平的刑罰。若要享受生活在帝國中的好處，帝國公民必須履行既定的社會責任。然而在此，上帝履行了所有的責任。因此，在羅馬的基督徒，不論是猶太人或外邦人，必須彼此和好。否則，保羅可能因為缺乏他們合一的支持，而使西班牙的宣教無法付諸於行。

上述六種信主經驗，不僅由行善者的角度展現宣教的意義，並且為基督的主權帶出末世的蘊涵。換言之，經由保羅的宣教，基督的主權將征服世上的制度和其他所有的主權。這六種經驗使「我們」（即猶太人和外邦人）得以在以基督為主的福音之下合為一體。

## 支持第一與第二方面的證據（2）——新人類克服罪的權勢（五 12 ～ 21）

在本質上，羅馬書五章這部分（羅五 12 ～ 21）是羅馬書一至五章的高潮點。更確切地說，為使全人類順服在一位君王之下，保羅這段有力的論證不但必要並且不可避免。可見，這段複雜的經文，與文本內或外（即背景）的論證緊密相關。

乍看之下，經文似乎對亞當這個人物毫無解釋。其實這暗示保羅假設猶太人和所有的羅馬書讀者，都已經相當熟悉亞當的背景。這是一項非常重要的神學理解，因為它代表亞當早已存在於初期教會的預表傳統中（typological tradition）。在與羅馬書同時期，並寫給外邦讀者的哥林多前書十五章，保羅也使用亞當來論證復活的事實。本段落的討論，將以與背景和整個論證有關的詮釋細節為焦點。

保羅以五章 12 節的「所以」為這段經文的開始，顯示他使用亞當來解釋，五章 1 至 11 節之信主經驗的構想。在保羅回溯亞當的遠古歷史下，信主經驗的起源更顯清楚。然而，這段經文遠超亞當這位人類始祖的歷史事實，因為保羅使用「就如」一詞來表明討論的類比性質。換言之，保羅使用亞當的類比來詮釋，人類在基督裏的集體經驗。在整個討論中，五章 12 節成為整段經文的總綱詮釋。如此說來，其餘的經文都在闡述五章 12 節的意義。

這節複雜經文的關鍵，在於經文的最後一部分：「眾人都犯了罪」。[6] 這個詞句可以簡單地被譯為，「因為他，眾人都犯了罪」。極令人好奇地，這節經文的討論突然停在五章 13 節，要到五章 18 至 19 節才重新繼續討論。原來，在五章 12 節和 14 至 17 節的經文中，保羅解釋亞當和基督的不同；因為他惟恐讀者誤會他將亞當與基督視為同等。換言之，保羅先行限定討論的範圍，而後才在五章 18 至 19 節強調兩者的相似點。

保羅以兩種不同的概念為討論焦點。第一，他在五章 12 節和 13 至 17 節，討論亞當和基督的兩種法律地位。在指出亞當和基督的律法地位時，五章 15 節顯示亞當的過犯不如基督的恩典。當五章 16 節指明，因一人犯罪多人被定罪時，五章 16 節同時斷言，基督的恩典已經得勝諸多的過犯。來自基督的律法地位和結果，誠然高過亞當的。如此說來，保羅以罪的權勢為這項討論的焦點。

第二，保羅根據結果，討論亞當和基督的相似點，因為兩者都決定人類的命運。在五章 18 至 19 節，亞當成為定罪和罪行的媒介，而基督則是生命和順從的媒介。亞當和基督是兩個不同羣體的預表代理人。一個羣體仍在罪中。另一個羣體卻因在基督裏，而進入義的法律地位。尤有甚者，原罪和個人過犯的問題，也因被納入基督的羣體而得到解決。可見，由羅馬書的論證來看，這兩個不同羣體所具有的涵義，實在關係重大！

罪（特別是在保羅的環境中）尤其具有強烈的外邦背景。藉著福音，保羅將人歸類為兩個範疇。新人類可以解決社會試圖消除的問題。革老丟皇帝以驅逐猶太人，解決種族的次序問題。尼祿皇帝則以施恩讓猶太人返回羅馬，引進社會的種族和諧。但在基督裏的新羣體，卻以另一種完全不同的方式，為社會帶來次序。救恩的答案和罪的問題，一樣具有普世的特性。如此說來，亞當的預表準確地顯出，人為何需要律法以外的義（羅三 21）。

在基督教全球化的情境下，羅馬書一至三章的前文段落，使這段經文的應用更加適切。保羅一點也不信任羅馬帝國。他同樣不信任現代帝國。他甚至不信任他個人的世界成功，或他在種族上的「優越性」。相反地，他謙卑地信任那些與他一樣，在基督裏稱義的基督徒夥伴。當新人類無法合一時，那麼稱義的教導就顯然毫無意義。如此說來，國家、種族、性別的界限和其他的劃分因素，都不再重要。

# 問題思考

- 有甚麼方式被用來克服人的罪所造成的問題？
- 將宣教與傳福音視為末世事件的觀點，如何改變我們對於分享福音的看法？
- 保羅對於人類的觀點，如何改變我們的生活方式？
- 亞當－基督的比較具有甚麼目的？
- 亞當－基督的類比，如何指向五章 1 至 11 節的論證？
- 關鍵詮釋經文三章 21 節，如何與亞當基督論（Adam Christology）對話？
- 保羅對人類的看法悲觀或樂觀？為甚麼？
- 根據保羅的人類觀，宣教具有甚麼意義？

註釋：

1 在希臘文中，三章 21 節的「使知道」（made known）或「使顯明」（made evident），屬完成（在此處，強調結果）被動（三章 21 節下的隱含主詞是舊約聖經）形態。這個顯明的結果是，世人都可以因信而稱義。

2 律法和先知的二分法也出現於馬太福音五章 17 節，七章 12 節，二十二章 40 節；使徒行傳 24 章 14 節，二十八章 23 節。

3 「因信」（through faith）具有「“διὰ” 加上所有格」的形式，代表媒介的意義。信心因此成為工具，它不是基礎，原因，或必要條件。信心的對象不是東西，而是基督這位人物（Person）。建立在上帝的恩典上，律法扮演著僕人與見證人的角色。

4 三章 30 節說明上帝是一位，祂因信稱那受割禮的為義，也應同樣的信稱那未受割禮的為義。這無疑是隨後出現之亞伯拉罕經文的引言。我同意斯托爾斯（Stannley K. Stowers）的看法，Stanley K. Stowers, “Ėk πίατεως and διὰ τῆς πίατως,” in *Journal of Biblical Literature* 108 (1989), 667 ～ 670 認為，這可能是

保羅意料中的事，保羅預期他假想的猶太對話者會提出抗議。不過，斯托爾斯也頗堅持將此處與其他各處的「信心」，視為「耶穌基督的信實」。我對斯托爾斯所建議的，亦即將此處的信心視為耶穌在挽回祭中的信實，不敢加以肯定。事實上，學術界對於將「信心」視為獨有「信實」之意義的看法，仍有許多保留。在這個上下文中，有關亞伯拉罕之信心的討論，的確指向信心而非基督的信實之解讀。

5 Fee, *God's Empowering Presence*, 493 指出，提及聖靈的其他地方（羅八 31 ～ 39，十一 33 ～ 36，十五 5 ～ 13），都是主要段落的結論。一般來説，這種看法的確正確，但在此卻可能是一個例外。聖靈不一定總是為羅馬書的某些部分提出結論（一 11，二 29）。他的看法比較適用於出現在羅馬書較後部分的「聖靈」，因為羅馬書八章對聖靈有頗仔細的討論，因此使聖靈成為後面篇章錯綜複雜的一部分。

6 當保羅談論罪（sin）入了世界時，他將罪視為一種權勢（power）。在羅馬書一至三章，保羅使用可見與來自經驗的外在表現帶出罪的討論，以使他能夠進入這段將罪視為一種不可見權勢的討論。Beverly Roberts Gaventa, "The Cosmic Power of Sin in Paul's Letter to the Romans," in *Interpretation* 58 (2004), 237 正確地將罪稱為一種對抗上帝的「反神」（anti-God）權勢。這種權勢眼不能見，但卻藉著四處可見的罪行顯明出來。

# 酒神的馬賽克——哥林多宗教生活之掠影

這個漂亮的馬賽克現在陳列於古哥林多的博物館中。雖然這是一個人物肖像，但旁邊的葡萄藤卻顯示這個中心人物，是希臘的酒神迪奧尼索司（Dionysus）。迪奧尼索司也是希臘的戲劇之神。許多戲劇活動都有迪奧尼索司的祭司參加，他們坐在特別指定的座位上。酒神的敬拜牽涉許多讓保羅這種猶太人退避三舍的放蕩行為，其中包括暴食、醉酒與淫亂。宗教、文化和道德，緊密交織在希羅文化中。無疑地，當保羅撰寫外邦人的不道德時，這些不羈的行為一定浮現在他的腦海中。

# 第五章

# 由羣體角度論基督徒超越社會行為的新生活（六 1 ～ 23）

## 引言

將這段經文稱為基督徒**羣體**的生活觀似乎有些不妥當，因為五章 1 至 11 節的許多經驗，也可歸屬於羣體的生命經驗。然而，因為這段經文與教會的洗禮儀式緊密相連，因此我刻意強調這段經文的羣體角度。三章 21 節仍是這段經文的關鍵經文，因為上帝的新解決法，成為現今教會羣體存在的管道。就羅馬書五章的上文來觀察，羅馬書六章顯然訴諸初期基督徒所共有的經驗，來例證進入「新亞當」之後所當有的新生活。這段經文的目的旨在顯示，羅馬基督徒應當如何活出在新亞當裏的新生命。保羅以兩個寬闊的議題為架構，再圍繞著它們帶出討論。這兩個議題分別是：基督徒的生活方式（羅六 1 ～ 14），基督徒的引誘（六 15 ～ 23）。這兩個議題既具體又實際，可以免除一些控訴保羅傳講與律法無關之福音的不必要傷害。

# 基督徒的生活方式與在罪裏的生活方式（六 1 ～ 14）

有關生活方式的問題陳述，出現於六章 1 節下。提問者顯然期待一個否定的答案：「不，我們不可以仍在罪中，以叫恩典顯多。」上述問題可被譯為：「我們應該（ought / should）仍在罪中或犯罪的生活方式中嗎？」[1] 可見保羅不僅針對行動，更強調人的心態與看法。保羅為他的論證提出五項理由，而這五項理由多少都與「與基督聯合」（with Christ）的概念相關。

第一項理由是我們歸入基督的死（羅六 2 下～ 4）。此處經文所提及的死，與罪的工價是死的更廣上文有關（一 32，五 12）。既然在新人類裏，舊有的一切都已成過去，那麼死就不再作王。而本段經文的上下文，六章 2 節提出「在罪上死」（die to sin）的實際基礎。在罪上死，是認定罪對於在基督裏的新人類，已經不具任何效力的過程。換言之，過著舊生活的新人類，明顯有極不合理的矛盾之處。另外，六章 3 節清楚表明，洗禮是促成信徒進入新生命的管道。雖然保羅在此並未針對洗禮的本質，提出系統性的教導；但我們也不應否認保羅在此的教導，代表一般所接受的洗禮意義。總的來說，新身分應該讓信徒作出良好生活方式的抉擇。

第二項理由是我們與基督一同復活（羅六 5）。復活的兩個層面「實現與尚未實現」（already and not-yet），可以從兩個不同的時期來觀察。「實現」的層面已在六章 4 節，象徵性地藉著洗禮完成。而「尚未實現」的層面，則平衡地出現在六章 5 節。因為復活尚未發生。如此說來，未來應該主導信徒，關乎現今生活方式的抉擇！

第三項理由是我們被基督釋放（羅六 6 ～ 7）。在此，保羅由洗禮的暗喻轉入奴隸的暗喻。理解六章 6 節的關鍵核心，在於「罪身」一詞。有關「罪身」的看法，可能指部分被罪污染的身體。它可能是六章 6 節「從前的事」的同義字。事實上，舊事僅代表非信徒的一種集體生活方式，它可能是一種價值觀，或是一種行為模式。基督將信徒從罪的權勢中集體釋放出來的目的有二。第一個目的乃為使信徒脫離被罪的生活方式所控制的習慣。第二個目的乃為使新人類不再作罪的奴僕，並且能夠脫離罪的轄制（羅六 6 下～ 7）。[2] 奴隸是一種生活方式，同樣地，自由也是一種生活方式。這兩種生活方式相互對立！

第四項理由是我們必與基督同活（羅六 8 ～ 10）。保羅綱要地從基督的復活，帶出三項重要涵義。第一，未來不但可預期並且充滿盼望（六 8）。第二，所獲得的能力是永遠的（六 9）。第三，忠誠的對象會改變（六 10）。這些事實清楚地說明了現在當有的生活方式。

第五項理由是我們對基督的責任（羅六 11 ～ 14）。保羅將信徒的責任分為四個簡單的步驟。更值得注意的是，羅馬書的第一項命令（即“consider / reckon”，中文和合本譯為「當看」）也在這段經文出現。第一，保羅在六章 11 節，勸勉羅馬基督徒思考（consider）新生活（即向罪死，向上帝活）。保羅要求他們一起實行新生活，因此展現一種羣體與彼此負責的意味。第二，保羅在六章 12 節，提醒羅馬基督徒不可容罪作王。每個人的肢體，都可以成為義或不義的器具。保羅督促他們成為義的器具。第三，保羅在六章 13 節禁止他們將肢體獻給罪，作邪惡的器具。[3] 生活方式的問題（六 1）與認定錯誤的主人有極大的關係。第四也是最後，保羅在六章 13 節，要求羅馬基督徒將自己的肢體獻給上帝。

總的來說，這整段有關肢體的討論，乃為對付一章 24 節所描繪的生活方式。

上述五項理由的討論顯示，新人類在生活方式的改變上，具有莫大的能力。保羅相信他的福音，能為帝國統治失敗的社會帶出一番新氣象。帝國福音繼續造成道德與社會方面的失敗。由於缺乏宗教上彼此負責的重要元素，因此整個羅馬體制仍然欠缺公平的建立。如今藉著耶穌基督，上帝的公平得以彰顯。

## 基督徒的引誘和偶犯的罪（六 15 ～ 23）

這段經文在五章 20 節至六章 1 節的上下文中，顯得異常重要，因為它針對兩種濫用恩典的問題提出回應。第一個問題是「犯罪以使恩典顯多」的問題，可見於五章 20 節至六章 13 節。第二個問題是「在恩典之下所以可以犯罪」的問題，出現在六章 14 至 15 節的轉接經文中。[4] 另外，整個第六章的討論，以希羅的奴隸制度為基礎（Greco-Roman slavery system）。事實上，出現在羅馬書的名字，有三分之二是奴隸的名字。或許保羅使用奴隸的暗喻，以認同自己的讀者。在這段經文中，保羅引用六章 14 節的原則，帶出六章 15 節的問題陳述。[5] 保羅的主要焦點，乃是針對一些喜歡偶爾犯罪的基督徒。六章 15 節的問題，顯然不像六章 1 節的問題那麼嚴重。但對保羅而言，這仍是一個需要嚴厲對付的問題。[6] 保羅提出下列兩項理由，解釋為何基督徒不應該偶爾犯罪。

第一項基督徒不應該偶爾犯罪的理由是：基督徒有新的主人。保羅在六章 16 至 20 節提及過去的主人，從書信的開頭（一 5）到現在，保羅的這項關切依舊不變。出現於三章 21 節在律法以外的義，需要信徒承擔表達義的責任。當罪對信徒的影響愈來愈少時，信徒自然流露義的生命。

有關奴隸的暗喻，保羅以奴隸的責任（六 16）和奴隸的釋放（六 17 ～ 19 上），先後帶出討論。釋放的過程乃藉福音的宣講而產生。釋放的結果則是脫離罪的領域和奴役而成義。在餘下的經文中，保羅強調義對人有益，而罪則為人帶來問題。最後，保羅以六章 23 節展現人類所面臨的最終抉擇。罪的工價極其沉重。然而，上帝白白的恩典卻是上帝賜給人類的禮物，它將使人獲益無窮。[7] 更確切地說，對保羅而言，基督徒羣體是一個立約的羣體。隨著立約而來的是忠誠。耶穌（而非凱撒或其他統治者）應該是基督徒羣體的最高統治者。

第二項基督徒不應該偶爾犯罪的理由是，基督徒有新的益處。保羅在六章 16 至 20 節，指出信徒的益處完全來自「在我們的主基督耶穌裏」。羅馬公民素來倚靠凱撒的恩典，但在上帝的大好消息對照下，凱撒的恩典實際黯然失色。因為凱撒的恩典，以公民具有類似宗教的忠誠為條件。但上帝卻白白地將恩典賜給所有忠於保羅福音的人。雖然革老丟皇帝能夠根據種族身分，將基督徒四處遷移；尼祿皇帝也可以授予基督徒返回羅馬的自由。但沒有任何一位皇帝能夠控制或改變，新羣體的美德與身分。

到目前為止，保羅的宣教信息依然不變：耶穌是至高無上的主。保羅以政治與法律的字彙，帶出非政治與非法律的解決方式。保羅在此提醒羅馬基督徒甚麼是福音的本質：由信心而來的順服。保羅再度將猶太人與外邦人，一起放在平等的地位上。

## 問題思考

- 在這一章，保羅針對哪兩個問題提出討論？

- 這一章如何與第五章相關？
- 這一章如何與羅馬書的開頭部分相關？
- 這一章如何成為保羅推展宣教事工的一部分？
- 這一章的羣體題旨，如何與關鍵詮釋經文三章 21 節相關？
- 你認為保羅在這個新紀元，倡導哪些羣體規則？
- 為甚麼保羅沒有在羅馬書的前面部分，而到現在這段經文中，才發出第一個命令？
- 信徒彼此負責任，在保羅倫理觀的哪些方面扮演重要的角色？
- 為甚麼保羅使用單數的「身體」，他要表達何種意義？

註釋：

1 六章 2 節的否定，有多種不同的翻譯。有些偏好「決不」(never)。Jewett, *Romans: A Commentary*, 395 偏好「當然不」(no way)。毫無疑問地，經文的修辭具有激昂的效果。

2 「脫離」(freed / δεδικαίωται) 實際代表「被宣告為義，因此被開釋為無罪」。這希臘字屬完成被動語態，指出這是上帝在過去的工作，而產生現在的結果。

3 「獻給」(present / τί οὖν) 一字，代表任其使用的意思。

4 六章 15 節以 "τί οὖν" 為開始，表示 15 節是 14 節的延續。而 14 節的重點，就是信徒在恩典之下。

5 六章 15 節實際重複許多六章 14 節的內容，但以問題的形式表達。這種表達方式顯示六章 15 節及以下經文，並不僅是六章 1 節之問題的平行，也是六章 14 節的進一步延伸。在這種方式下，經文成為直線性的論證，因此耳聽接收的聆聽者，很容易明白保羅的信息。

6 這裏的「罪」屬不定過去式，表示偶爾犯罪的意思。

7 「益處」(benefit / καρπὸν) 實際代表六章 21 節的「果子」。保羅常使用這個詞表達一切美善的事物(例如，加五 22 等)。

# 哥林多地峽 ——羅馬商業的指標

這條運河由原始的哥林多地峽挖鑿而成。當我留在哥林多時，我每天駕車經過運河上的大橋。事實上，滿載遊客的船隻每天往返來回。幾乎站在地平面上的船上遊客，熱情地向地面上川流不息的車羣揮手招呼。甚至到如今，航行在運河中的船隻，仍是慣見的每日情景。今日的航行主要介乎於意大利與小亞細亞（現代的土耳其）之間。這個當時蔚為奇觀的運河工程，在十九世紀挖鑿而成。

在沒有運河連結地中海東西兩方的情況下，雙方貿易的確非常不便。事實上，在保羅的時代，人們使用一種更原始的方式將貨物從東方運至西方，反之亦然。他們使用現在運河之上的陸地為他們的通商路徑。這條通商路徑讓驢子或其他載重的動物，將船由西岸（哥林多）拖至東岸，以使船隻裝卸不同的貨物。這條起源於公元前六世紀的路徑，被稱為“*diolkos*”，具有「可移動的平台」的意義。「平台」是一種運載船隻的台子，而動物則將被放在滾軸上的平台拖至對岸的港口。通常大船的貨物，被卸至小船上以便拖運。這條路徑大約四英里。雖然路徑的距離不長，但哥林多這個細薄的地帶，卻成為不可或缺的通商要道。它同時促進希臘與小亞細亞城市的繁榮。可見，保羅撰寫羅馬書的哥林多，是羅馬帝國影響東方地區的理想地點。

在歷史上，這條路徑是地中海地區最重要的四英里。當尼祿皇帝在公元六十七年宣布地峽運動會時，他也試圖挖鑿運河。但這項計劃在尼祿皇帝垮台之前，都未能實現。雖然尼祿皇帝在此地挖鑿運河的嘗試失敗，但他的理想卻突顯，羅馬帝國影響東方地區的必要性。這條路徑的發明，也展現與西方（即羅馬）接觸以繼續保持商業與政治成功的重要性。冬季的愛琴海浪濤洶湧，極易發生船難，因此很可能停止整個冬季的貿易與政治影響。如此說來，這條路徑成為此地區的政治與財務救星。這條運河提醒我們，貿易的影響力跨越世紀。畢竟，公元前六世紀與公元二十一世紀之隔，並非如此遙遠。

# 第六章

# 信徒與律法的問題（七 1～八 39）

## 引言

這段經文（七 1～八 39）的字彙，似乎轉向比較個人性的應用。詮釋者由不同的角度，處理這段經文的意義。事實上，「我」可能是一種修辭設計，為要向每位讀者顯示，「我」代表全人類。換言之，羅馬書七章 14 至 25 節，很可能是信主後的保羅對於信主前之生活的一種反思。信主之前的保羅違犯律法，卻自以為在律法上完美無缺。如此說來，保羅實際是使用這段回顧與反思，生活在律法之下的無望的例證。總的來說，這段經文的主要焦點乃是，保羅向在羅馬的猶太基督徒提出宣教的重要性。不論詮釋者採取哪種觀點，理解整段經文的關鍵在於八章 1 節，因為在此上帝清楚地帶出聖靈的時代。

我們可以確定的是，由七章 1 節開始，保羅討論的對象是基督徒，尤其是猶太基督徒。保羅建構一個生活在律法之下的典型人物。這位典型人物的生命成為，所有想要遵循律法的人的生命典型。這種人一定會否定，保羅藉宣教所要傳揚的福音。在前文二章 17 節至三章 8 節，保羅已經提出猶太人無法前後一貫地行律法的論證。而在五章 20 節，保羅更進一步地提出罪與律法相關的討論。所以，由五章 20 節開始來處理律法的議題，應該是合理的觀察。既然保羅是針對猶太基督徒說話，我們相信保羅希望他的論證，能使羅馬教會中的猶太信徒不致反對他的宣教事工。

極其自然地，身為散居各地的猶太人，這些基督徒對於律法的確有一種特殊的喜愛。或許這段經文的背後，的確蘊藏著護教的目的。保羅的護教所針對的根本問題是：「白白的恩典是否讓人愈發犯罪？」如果不是，那麼到底甚麼能夠控制人的道德？就像三章 8 節一樣，保羅在此也預期讀者對他可能產生誤解。因此，護教修辭的可能性，絕對存在於這段經文中。

## 肉體的問題（七 1 ～ 25）

在處理道德與律法的問題時，保羅為所有接受福音的人，提出兩項重要的議題。

第一項議題可見於七章 1 至 6 節，保羅針對：「為甚麼基督徒不在律法之下？」的問題，提出討論。這是一個重要的議題，因為外邦人明顯與遵循律法的問題不甚相關。如此說來，在保羅的福音中，上帝是否有兩套不同的標準？是否上帝給外邦人比較寬鬆的救恩；而在道德倫理方面，卻對猶太人比較嚴格？保羅預期會有這些問題，並且一一回答。羅馬書到目前為止的討論，讓我們看見三種控制人類的力量：罪、死與律法。除非由八章 1 節開始的聖靈介入問題的解決，否則人類將無法活出義的生命。

在任何理性討論之先，了解保羅對「律法」的定義，是不可或缺的觀察。在別處經文，保羅使用舊約來辯證倚靠律法的錯誤（羅三 31 ～四 3）。在此，保羅再次使用相同的修辭策略。保羅的猶太讀者詳知律法，必然能夠了解出自舊約的婚姻類比。

更重要的是，保羅的比喻適切猶太人的傳統與保羅時代的慣例。而這些慣例可能源自有關耶穌的記載（例如，太五31～32，十九3～9；可十2～12；路十六18）。

保羅首先使用婚姻的比喻，為所有歸於基督的人帶出一個不同的時期（羅七2～3）。一些比較早期的詮釋者，嘗試找出丈夫與妻子背後的象徵意義。事實上，認識保羅使用比喻的體裁，是理解比喻的關鍵。比喻通常只包含一個主要的中心點，因此詮釋者不用煞費周章地尋找丈夫與妻子的寓意涵義。真正的重點在於死亡能夠解除人對於律法的任何責任。七章2至3節的比喻，例證了七章1節和4節。比喻的中心點非常清楚：如果信徒在律法上死了（七4），那麼信徒對律法就不再具有任何責任。律法不能叫一個死人向它負責任。所以如果基督徒在律法上死了，基督徒就脫離律法的約束。

在婚姻的比喻之後，保羅在七章4至6節為他的問題，提供理念方面的答案。保羅以基督徒不同的生命階段，帶出他的論證。在基督之前，律法負面地發動肉體中的惡慾（羅七5）。而在基督之後，不論是猶太人或外邦人，基督徒都在律法上死了（七4）。保羅的主要意思就是，律法只能掌管活在律法之下的活人。因此基督來了之後，基督就取代律法的掌管權，因為基督徒已經向律法死了，並且現在向基督活著。一言以蔽之，有關向律法死的討論，實際指向基督徒在地上國度的社會責任。這個新時代超越當時的羅馬帝國時代，或任何地上時代的政治與政策。在七章6節，保羅使用「服事」一詞來描述基督徒的生活。他指向一種不霸道並且藉著服事社會而服事上帝的新生命。身為一個在羅馬統治下的散居猶太人，保羅鼓勵基督徒不要從社會中退縮，反要積極地與羅馬社會對話與互動。在服事中，基督教有十足的潛力成為羅馬社會的施惠者，因而使基督教成為尊榮而非羞辱的宗教。

在第一項議題為何基督徒不活在律法之下的討論之後，保羅將他的注意力轉向第二項議題。第二項議題關乎為何律法不可靠的討論，出現於七章 7 至 25 節。雖然這段經文似乎冗長，但它以七章 7 至 12 節有關律法的附註（excursus）為開始。在這段討論中，保羅以四項說明，證明律法並非導致人犯罪的原因（或作保羅的律法觀）。

首先，根據七章 7 節，[1] 律法不是罪。第二，根據七章 8 至 11 節，罪是操縱者。第三，根據七章 12 節，律法是聖潔、公義與良善的。第四，根據七章 13 節，律法具有作為標準與定罪的功用。我們可以將這四項說明，摘要成一個簡單的信息：基督徒不可以倚靠律法，因為它的主要功能完全是負面的。這段說明也肯定了保羅的宣教，因為他所傳揚的福音永遠包含猶太人和外邦人。雖然律法不是罪，但保羅卻在七章 14 至 25 節更進一步帶出，人類無法藉遵循律法而行善的討論。在顯示與罪掙扎的可怕之後，保羅終於揭曉為何律法不可靠的原因。原來，律法之所以不可靠，乃是因為想要遵行律法的人不可靠。保羅所談論的是無力的個人。不管是不是基督徒，人不可能永遠過著道德的生活。惟獨藉著聖靈的幫助（至少對基督徒而言），人才有可能控制自己的肉體。最後，保羅在七章 21 至 25 節，總結兩種掙扎與兩種結果的討論。七章 24 節的「取死的身體」，和七章 22 節的「裏面的人」或七章 23 節的「心中的律」彼此交戰。[2] 想要為善的慾望，並不足以推動為善的行動。甚至善良的心意都不夠力量。[3] 交戰的兩種結果，一個是想要倚靠律法生活的羞辱與挫折（羅七 24），另一個是靠著耶穌脫離肉體的感謝（七 25）。

為了處理羅馬教會的光景，保羅提出不可能以所有的律法來解決問題的論證。

正如本書前面篇章的討論，下列兩個角度與保羅撰寫羅馬書的目的有關。

第一，當我們由羅馬道德主義者的教導，來解讀羅馬書七章時；第七章清楚展現保羅的福音，在信徒的道德生活和自我控制上表現最優越。在解讀第七章時，詮釋者必須了解整封羅馬書信的聆聽對象，兼具猶太人與外邦人。從這個角度來看，外邦人也將明白他們必須避免的陷阱。

第二，猶太基督徒的返回，勢必產生教會內的種族問題。保羅以一個散居猶太人的身分說話，為了呼籲散居的猶太基督徒在這個新時代開展新的一頁。種族議題可以分裂教會。它將繼續製造一種人為的種族分裂，甚或一種奇特的雙向基督教，因而破壞教會對保羅宣教的支持。因此，保羅在下一章藉著聖靈，帶出使教會成為一個聯合陣線的簡單方法。保羅之所以訴諸聖靈，乃因聖靈是所有基督徒共有的經驗。至終，保羅建立宣教的雄心將會實現。

## 來自聖靈的解決方式（八 1 ～ 39）

誠如律法是散居猶太基督徒表現自己獨特之處的分界線，保羅在此也為所有基督徒，設下一個超越種族範圍的新界限。這段經文解釋了保羅為何熱心宣教的原因：基督的新時代已經到了！保羅以八章 1 節的「如今」一字，開始這段經文的討論。而「如今」就是一個形容聖靈時代的末世用語。許多現代信徒對這段經文缺乏充分了解，因此錯誤地作出律法對照恩典的二分法。有些甚至提出舊約是律法時代，而新約是恩典時代的說法。然而，羅馬書七章明說，律法並不與恩典對立。

羅馬書八章清楚地對照律法與聖靈，但並不將聖靈視為律法的敵對，而是使聖靈而非律法成為新時代的執行者。因此，這整段神學討論和有關聖靈討論之引介，讓我們看見保羅對律法的理解具有末世的特徵。律法屬於基督之前的舊時代。如今已是新時代，聖靈成為新的執行者。更確切地說，恩典同時存在於兩個時代中，因為上帝的恩典恆常不變，祂的統治更是橫跨新舊兩時代。

這段經文也具有較強的個人傾向。保羅針對生活在彌賽亞時代的個人信徒，提出兩個時代的議題討論。但這絕對不代表，保羅試圖倡導個人主義的屬靈信仰。因為這種個人主義的屬靈信仰，使個人信徒無法在集體的層面上，向歷史的正統信仰和集體的基督身體彼此負責。尤其值得注意的是，「在基督裏」的用語有五次顯著地出現在羅馬書六至八章（羅六 11、23，八 1、2、39），而其中三次出現於羅馬書八章。可見，「在基督裏」就是擁有聖靈的意思。「在基督裏」也代表，與其他擁有聖靈的信徒生活在一個羣體中。

這段經文的中心題旨是由新時代而來的自由。保羅採用四個步驟的論證，建立他對新時代的看法。[4]

第一，在八章 1 至 8 節，保羅論及脫離定罪的自由。定罪的緊鄰上下文是第七章，有關個人定罪與罪行的討論。定罪的更廣上下文則是羅馬書五章，它帶出定罪與上帝的憤怒（五 18）的相關性。保羅在這段經文中，清楚宣告「不定罪」[5] 的大好信息。

第二，在八章 9 至 17 節，保羅帶出在聖靈裏的自由所產生的四種結果：基督藉著聖靈居住在信徒心裏（羅八 9 ～ 10），新生命（八 11），新責任（八 12 ～ 13），新身分（八 15 ～ 17）。

第三，在八章18至25節，保羅談到所有受造之物的救贖。保羅也為信徒的盼望提供四種理由：上帝的次序將受苦者放在至高的地位（羅八19），上帝的拯救終會使受造之物脫離敗壞的轄制（八20～21），上帝的更新就像生產一樣（八22～23），上帝的盼望必須忍耐等候（八24～25）。[6]

第四（也是最後），在八章26至39節，保羅宣告現今的得勝。在聖靈裏的生命既不黯淡也不悲慘，它實際包含有力的得勝。這種得勝建造在四個堅固的根基上：聖靈替信徒禱告（羅八26～27），上帝美善的旨意（八28），上帝偉大的計劃（八29～30），[7]上帝永恆不變的愛（八31～39）。

羅馬書六至八章這段經文，似乎偏離了保羅關注宣教的方向，從一個全新的角度來觀看歷史。因為基督使歷史產生意義。普受歡迎的娛樂片（例如，《人類之子》〔*Children of Men*〕、《啟示》〔*Apocalypto*，或譯《阿波卡獵逃》〕等電影）無疑流露出，西方世界認為歷史的未來將更光明的主題。歷史因此具有意義。這不啻是基督教的標誌。對照羅馬歷史的征服與統治循環，保羅展現另一種以基督為中心的歷史觀，並且說明新的歷史觀如何影響個人。尤有甚者，教會成為上帝的宇宙計劃的先嘗。保羅的信息簡單有力：新時代已經來臨，但最好的尚未來到。聖靈就是更大盼望的保證者！

## 問題思考

- 羅馬書六至八章如何與保羅的宣教目的相關？
- 「與基督聯合」（with Christ）的用語，如何與基督徒的道德相關？

- 勝過罪、肉體和律法的生命，如何顯示基督教遠超其他宗教的優越性？
- 保羅的律法觀，如何與鎖鑰經文八章 1 節相關？
- 在聖靈的工作下，甚麼是教會的角色？
- 末世觀與保羅對個人屬靈生命的討論如何相關？
- 為何將律法與恩典視為彼此對立的看法，是一種對保羅神學的不正確理解？
- 那麼與律法對立的是甚麼？原因為何？
- 保羅有關個人在律法上掙扎的討論，如何與第六章的上文相符一致？
- 洗禮象徵的絕對委身，如何在全球彼此包容的呼聲中發揮作用？

註釋：

1 Bruce J. Malina and John J. Pilch, *Social-Science Commentary on the Letters of Paul* (Minneapolis: Fortress, 2006), 256. 馬利納（Bruce J. Malina）和皮爾（John J. Pilch）將七章 7 節的「我」，視為從前與律法有關聯之人的整體代表（即猶太基督徒），但現在他們將律法視為奴隸的主人。

2 在上下文中，「裏面的人」與「心中的律」似乎是同義字，因為它們同是人辨識道德與渴望道德生活的部分。

3 七章 12 節描述律法「良善」（good）的用詞，與七章 18 節肉體中沒有「良善」為同一字。知識與心意的確存在，但卻產生同樣的失敗結果。

4 八章 1 節以「所以」（ἄρα / therefore）為開始，意指前一章的答案／結果。

5 《七十士譯本》中的"κατάκριμα"一字，被用來指定罪、受苦與刑罰（創十五 14；撒下十九 9 等）。

6 生產的類比顯示，新創造將在新時代的最後高潮點來臨。這個類比十分貼切，因為生產在最高程度的痛苦之後，帶出了最喜樂的時刻。保羅在此意指，基督徒的生命際遇未必愈來愈好。

7 在八章 29 節的觀察上，讀者必須注意在某些方面，保羅的思想建基於福音書的見證上；尤其是在教會（與其成員）代表上帝的兒子方面，保羅無疑忠於福音的故事。參 David A. Brondos, *Paul on the Cross: Reconstructing the Apostle's Story of Redemption* (Minneapolis: Augsburg Fortress, 2006), 102。保羅固守福音書的傳統，並不是因為它已經為人熟知，乃是因為藉著讀者的知識，保羅可以更進一步地證實他在宣教中所傳揚的福音。

# 第七章

# 上帝的國度在人的國度中間——以色列救贖歷史的例證（九1～十一36）

## 引言

在久遠的過去（尤其是改教時期），羅馬書九至十一章總是被視為後來添加的段落，主要因為許多詮釋者將這段經文當作某種末世的教義。他們忽略了研讀新約書信所不可或缺的修辭問題。任何一種以教義解讀羅馬書的方式，都將使詮釋者落入相同的陷阱。儘管羅馬書九至十一章包含許多末世觀，但它卻絲毫不具教義的目的。相反地，這段經文的寫作目的與其他篇章的完全相似，它主要針對可能影響保羅宣教的情境提出討論。這個相同的問題仍然普遍見於現代的羅馬書詮釋者中間。尤其是在羅馬書九至十一章，這個問題更加顯著；只焦點於「甚麼」（即教義），而完全不考慮以「為甚麼」（即修辭情境）為詮釋架構的解經法。因為這個理由，我們很少聽見有人以羅馬書九至十一章為講道的內容。

有一件事實明顯可見：羅馬書九至十一章必須被視為羅馬書整個信息中的一個信息。它不應當被分割為片段來解讀。下文的討論，將讓讀者明白解讀這段重要經文的正確方式。顯然，以色列歷史的詳細闡述引出了十一章 25 至 27 節的歷史高潮點，所以它理應成為詮釋餘下經文的關鍵。

保羅針對以色列的討論，的確支持了羅馬可能有人反對保羅的論點。我們可以預料有許多猶太基督徒，從小亞細亞和希臘返回羅馬。而就是在這兩個地區，保羅遭受猛烈的攻擊。如此說來，保羅為何不能在他的修辭中，預期可能面臨的困難呢？這實在是最自然不過的事了。

在羅馬書九至十一章的背景觀察上，帝國背景仍是開啟經文意義的重要考慮。對生活在羅馬／外邦統治之下的猶太人，這種歷史觀尤其引人注意。它提及一種猶太人被擄，與有一天將因他們重新歸向上帝而被復興的傳統。在保羅的論證中，猶太人將藉著外邦宣教的管道，而歸向上帝，接受耶穌為彌賽亞。有關這方面的討論，將在後文更詳細解釋。對外邦基督徒而言，他們不應停留在敬重猶太基督徒弟兄的地步。他們應該更進一步地將自己視為，上帝在歷史中之更大計劃的一部分。羅馬基督徒（猶太人與外邦使人）若因保羅關乎以色列歷史的信息而改變心意，他們的見證將更加有效。

下文的討論，將以以色列歷史的三段時期為中心。然而，我們不應停留在教義事實的觀察，而應更進一步地由猶太人－外邦人基督徒的關係，來解讀這段經文。另外，這段經文也時常引發個人救恩的熱烈辯論。然而，這段經文絲毫不影響個人的救恩。保羅的中心點，其實是宣教的集體效力。

## 以色列的過去（九 1 ～ 33）

保羅以九章 1 至 6 節的護教語調，開始討論以色列的過去。在保羅的護教中，他首先傳達自己迫切的心情（羅九 1 ～ 2）。

可見，保羅的護教充滿感情，是對於自己事工的激昂辯護。隨著保羅的迫切感，我們看見保羅的挫折感（九 3）。最後，保羅的護教指向，上帝賜與以色列的知識（九 4 ～ 5）。保羅由立約（九 4）和救贖歷史（九 5）的角度，帶出上帝對於以色列的恩典。他使用這些篇幅來討論上帝給予以色列的恩典，以確定以色列失敗的責任，不會落在上帝的肩頭上。對保羅而言，西班牙的宣教不僅影響個人，更是上帝偉大計劃的一部分。上帝在亙古以前已經立定的計劃，得以在現今實現。

保羅始終關切的議題，並不是用猶太人的問題來保護自身的名譽。當保羅的討論進展至九章 6 節時，上帝是否失敗的議題清楚呈現。如果上帝關乎猶太人的計劃失敗，那麼猶太基督徒可以反對支持保羅對外邦人的宣教。當猶太人再度返回羅馬時，被擄後的猶太人繼續在如何定義「以色列」的議題上掙扎。這也成為保羅為甚麼要討論羅馬書七至八章的部分原因。因為羅馬書七至八章顯示，律法對彌賽亞後的時代（post-messianic era）毫無功效。真正的以色列是否應該繼續保持先前的定義？其實，保羅早已在羅馬書七至八章，提出否定的答案。極有可能地，返回羅馬的猶太人也在猶太教中，聲稱他們所擁有的殊榮。而返回羅馬的猶太基督徒，則可能在教會中，聲稱他們特殊的地位。因此，保羅清楚解釋並非所有的以色列人，都是真正的以色列人。

保羅接著在九章 7 至 33 節，採用救贖歷史來闡述他的立論。雖然在倫理的指引上，律法已經不再有效，但律法的歷史記錄卻為保羅例證了上帝永恆不變的律例。縱使在保羅的時代，羅馬人似乎掌管歷史，但保羅向他的讀者保證，是上帝在掌管歷史。保羅將以色列的過去劃為三部分：族長時期，摩西時期，先知時期。

第一部分是九章 7 至 13 節的族長時期。在這段經文中，保羅提出兩個論證。這兩個論證由較弱的論證進展至較強的論證。第一個論證是較弱的論證，出現於九章 7 至 9 節。它使用不同的母親和不同的兒子，來代表兩個不同的民族羣體。顯然，上帝揀選了撒拉的兒子。第二個論證是較強的論證，出現於九章 10 至 13 節。它針對同一個母親所生的兩個兒子，顯示上帝為自己的目的而揀選的絕對主權。這兩個兒子甚至是雙生的，他們也代表了兩個不同的民族羣體。事實上，問題不在於為甚麼上帝「惡」以掃和愛雅各。我們應當思考的問題是，為甚麼竟然有一個民族羣體蒙上帝揀選？當保羅在後文討論外邦人可能因自己蒙揀選而驕傲，致使外邦人在上帝的計劃中無法發揮作用時，這段經文將與民族羣體的集體揀選非常相關。揀選完全是上帝在祂的恩典中的主權。如果上帝掌控雙子揀選的情況，那麼沒有任何一個人可以誇耀，自己對於上帝偉大計劃的個人貢獻。相反地，每個信徒都應該欣然與謙卑地參與上帝的計劃，尤其是保羅的宣教。

第二部分是九章 14 至 18 節的摩西時期。在這段經文中，保羅再次提出兩個論證。第一個論證出現於九章 15 至 16 節，與上帝發出憐憫的自由有關。第二個論證出現於九章 17 至 18 節，與上帝的權能和屬性有關。論證的目的乃要帶出，上帝的屬性而非人的行為是上帝揀選人的關鍵。再次地，誇口與驕傲必須被摒除於外。

第三部分是九章 19 至 33 節的先知時期。在這段經文中，保羅為以色列過去的救贖歷史帶出總結。[1] 當保羅由先知時期引用例子時，他針對人為罪尋找藉口的光景提出討論。為罪找藉口的最典型邏輯就是，如果上帝具有完全的控制，那麼人就不需要為自己的罪負責。保羅在這段經文中提供三個論證。第一個論證出現於九章 20 至 23 節，指出不義的人不能向義的上帝強嘴。畢竟，如果上帝為有罪的人作了甚麼事，那完全出自上帝的憐憫。如果上帝甚麼都不作，並且任憑人類在罪惡中墮落；那麼上帝也沒有甚麼不公平。

保羅繼續進入出現於九章 24 至 28 節的第二個論證。在這個論證中，保羅討論上帝的呼召。保羅引用何西阿書一章 10 節，以帶出外邦人和猶太人之命運的比較。在此，保羅將外邦人與猶太人相比，他的比較勢必讓猶太讀者大為震驚。保羅使用舊約引述旨在告訴讀者，如果上帝可以拯救以色列的餘民，那麼祂必定可以拯救外邦人。最後第三個論證出現於九章 29 至 33 節，保羅討論上帝的公平。在此，保羅將猶太人拿來與外邦人比較，倒轉了前面的論證方式。在這種方式之下，討論顯然是以「無一是義人」的事實為基礎，即羅馬書一至三章的前提假設。在九章 30 至 32 節，保羅指出以色列因錯誤的追求而絆跌。

就這一章的內容來看，保羅在九章 6 至 29 節顯示，為甚麼有人得救（即上帝的揀選與憐憫）；保羅也在九章 30 至 33 節顯示，為甚麼所有的人都淪喪了（即人的失敗）。保羅也展現上帝的計劃，遠較現在控制世界歷史的羅馬帝國更加優越。保羅呼籲信徒要謙卑，以實現種族合一的理想。最後，保羅明說福音的宣講，必須伴隨著謙卑為懷的心志。藉著正確的態度與信息，宣教士宣講上帝的大能超越一切權力的大好消息。以色列的過去，不但為保羅所有的關切帶出教導，並且指出保羅在十一章 25 至 27 節為讀者預備的盼望。

## 以色列的現在（十 1～十一 24）

保羅關乎「以色列的過去」的論證，非常自然地融入關乎「以色列的現在」的討論。保羅針對以色列的現在，提出四個問題。

第一個問題出現於九章 30 至 33 節，與以色列的錯誤方向有關。為要充分了解現在的以色列所具有的問題，我們必須從保羅在九章 30 至 33 節的經文轉接點開始觀察。因為在這段轉接經文中，保羅提出錯誤方向的問題。

第二個問題出現於十章 1 至 5 節，與以色列錯誤的熱心有關。他們缺乏真知識並且不認識真正的主，因此導致問題的產生。

第三個問題出現於十章 6 至 15 節，與以色列對上帝的話語的錯誤觀念有關。因為上帝的話語說明，基督要應驗律法並且具體彰顯上帝的智慧。然而，以色列人卻拒絕相信上帝的話語。

第四與最後一個問題出現於十章 16 至 21 節，與以色列的錯誤態度有關。以色列的錯誤態度以兩種方式呈現：不信和頑梗不化。保羅並不是說所有的猶太人都一樣地抵擋上帝，但整體來說，他們沒有接受上帝的正確態度。猶太人對於錯誤態度的堅持，迫使保羅將他的宣教轉向外邦人。而在西班牙的外邦人，也因此成為保羅的宣教對象。

上述討論引導保羅為以色列現在的光景提出解釋。保羅在十一章 1 至 24 節，陳述兩項廣泛的評估。

第一，保羅在十一章 1 至 10 節展現，上帝有留下的餘數。

第二，保羅在十一章 11 至 24 節宣稱，猶太人的失腳帶有上帝的目的：使救恩臨到外邦人。保羅在此的論點與羅馬書一至三章相同。換言之，以色列人犯罪與外邦人犯罪，都將產生同樣的後果：上帝的拒絕。保羅在此強調以色列人犯罪，是上帝拯救外邦人的機會。[2] 因此，保羅在十一章 11 節下明說，外邦宣教是要激動以色列人發奮的宣教。藉這種方式，保羅為羅馬教會的猶太基督徒，提供支持他宣教的最強烈論證。

保羅的陳述清楚展現，在他的計劃中，猶太人仍佔有極重要的地位。他嘗試以三個例證表明他對於猶太人的立場。

保羅的第一個例證出現於十一章 15 節的創造與復活。對保羅而言，外邦人是出自無有的創造，而以色列民族將從死裏復活。

保羅的第二個例證出現於十一章 16 節上的新麵類比（參利十九 23 ～ 25）。我們看見以色列的救贖次序以餘數為先，然後以色列全家才得救。

保羅的第三個例證出現於十一章 16 至 24 節的橄欖樹類比。這個例證非常吸引猶太人和外邦人。直至目前，所有的例證對猶太基督徒比較具有意義。保羅將這個最有力的例證留到最後，因為它不僅對猶太基督徒，並且對外邦基督徒都有重要的倫理涵義。對猶太基督徒而言，他們必須支持保羅的外邦宣教。而對外邦基督徒而言，他們應該摒除種族的差異而與猶太基督徒合一，並且謙卑地事奉他們。保羅在十一章 16 節下至 24 節使用橄欖樹的例證。正常的嫁接程序是將好枝子插在壞樹上，但保羅在此，將壞枝子（即外邦人）插在好樹上（即以色列）。換言之，保羅以反諷又刻意的方式，否決了園藝的一般慣例。他旨在給與以色列一個至高的地位。尤有甚者，保羅顯示這種作法非比尋常。換言之，保羅的宣教理念並未改變。上帝的子民（凡遵行上帝藉基督所立之約的猶太人和外邦人）的合一，是宣教的根本基礎。

另外，羅馬書三章是建構羅馬書九至十一章的基礎。這項觀察尤其對十一章的橄欖樹類比更顯重要。因為亞伯拉罕是所有信徒的信心之父。保羅這位規劃身分的創新者，以革命性的方式使用亞伯拉罕。他在橄欖樹的類比之前，先行討論亞伯拉罕的因信稱義，使得後文的橄欖樹暗喻，不致成為毫無基礎的講論。[3] 保羅從他的討論帶出兩項重要的應用。這兩項應用並不僅限於這段討論。

第一，保羅呼籲整個羅馬教會不要驕傲。第二，保羅在十一章 20 節呼籲信徒要懼怕。但關乎個人救恩的詮釋，要到後文十一章 25 節的「以色列全家」時，才能顯出它的價值。[4] 事實上，這段經文與哪個羣體被放在上帝的計劃的前面部分有關。目前，外邦人的教會在數目上超越上帝的子民，因此在宣教的努力上（例如保羅的宣教），它的有效性將更加巨大。在此，砍下乃指上帝有可能除去羅馬教會（目前大部分為外邦信徒所主導）的有效性，以便開始另一種新事工。保羅更進一步地指出信徒必須謙卑的理由，因為在十一章 23 至 24 節，保羅相信上帝會將以色列嫁接回來救贖的歷史計劃中。這部分（羅十一 23 ～ 24）也因此佳美地將經文轉入有關以色列未來的討論。

## 以色列的未來（十一 25 ～ 32）

保羅在十一章 25 至 32 節將救贖歷史的討論，焦點於以色列的未來。保羅在這段經文中所討論的兩項議題分別是：時間與信息。在時間方面，十一章 25 至 27 節提到一個與時間緊密相關的「奧祕」。更確切地說，上帝對以色列的預定揀選尚未發生。上帝的計劃是猶太人首先得救，然後外邦人得救，最後猶太人再次得救。保羅的最大貢獻就是將大量的外邦選民帶進上帝的國度，以使「以色列全家」得救並且回到上帝的教會。這與前面經文只有部分的外邦人和猶太人得救，形成相反對照。在此，「以色列全家」的揀選表示，上帝將在某個特定時刻選召所有的猶太人，以使他們全部得救。在本質上，保羅將自己的宣教視為上帝表達拯救能力的一部分，而上帝的拯救能力正是保羅的宣教盼望。同時，上帝的名不但不會遭受羞辱，更要接受配得的尊榮。保羅藉著人的信主彰顯上帝的信實，因此他的宣教確保了上帝的尊榮。

保羅在十一章28至32節以向羅馬教會發出的一項信息，總結整個救贖歷史。這項信息就是，憐恤眾人的上帝特意拯救原本不配進入上帝國度的外邦人。所有的人都應該俯伏在憐恤眾人的上帝之前，因為祂的作為以上帝的信實和普世的愛為根基。保羅的陳述以當時的背景為根基。保羅盡全力，尤其是在羅馬教會中，對抗反猶太主義的情緒。保羅所要表達的是，基督徒的揀選是上帝的恩典，因此不應當在過程中將猶太人的角色摒除於外。

至終，到底保羅要達成甚麼目標？第一，如果上帝沒有棄絕以色列，那麼羅馬基督徒（包括猶太人和外邦人），應該支持保羅的外邦宣教（即激動猶太人發奮的宣教）。他們不應該將猶太人排除於宣教之外。第二，那些從最初的民族羣體接受福音的人，應該建立幫助那個羣體的負擔。

從另一個角度來看，外邦教會的供給顯出帝國力量的有限。因為帝國無法為猶太人提供的幫助，現在由外邦基督徒來補足。保羅在屬靈的領域上，為讀者提供另一種更優越的贊助人制度。他由以色列的未來，找到世界苦難的答案。所有關乎以色列的討論，都直接與書信的宣教目的相連。對保羅而言，以色列的未來得救彰顯上帝對世界的最終目的：顯示上帝對於歷史的絕對主權。以色列的得救是上帝得勝歷史的明證。保羅的福音無限地超越羅馬的帝國理念，因為帝國理念雖然存在於當時，卻在轉瞬之間不復明日！保羅的福音是羅馬殖民政策的完全倒轉，因為被殖民化的猶太人將藉著向外邦人的福音宣教，而得到最終的勝利。

## 保羅的應用：總結的頌詞（十一 33 ～ 36）

保羅在這段經文的最後部分，以一篇包含七項真理的頌詞引導羅馬教會的會眾進入頌讚的敬拜中。第一，保羅說明上帝有豐富的智慧（羅十一 33 上）。有誰能夠了解祂讓所有人被定罪，為要拯救他們？這個奧祕實在難以測度。第二，保羅說明上帝有豐富的知識（十一 33 上）。有誰想到在未來，以色列全家都要得救。第三，保羅說明人的知識有限，因為人無法完全知道主的心（十一 34 上），人也無法與上帝的計劃充分合作（十一 34 下）。第四，保羅說明上帝並不虧欠任何人的債（十一 35）。這是白白恩典與稱義的基礎。明白這個重要的基礎，才能使人十足體會恩典的寶貴。第五，保羅說明上帝是救恩的來源（十一 36 上）。救恩完全來自上帝（三～八章）。第六，保羅說明上帝是救恩的管道（十一 36 上）。所有的救恩都「經由祂」（九～十一章）。第七，保羅說明上帝自己的榮耀是救恩的目的（十一 36 下）。所有的救恩都為了「歸榮耀與祂」（九～十一章）。

由某個角度來看，削減「以色列全家」的奧祕，將暗中破壞頌讚的偉大。尤有甚者，這篇頌詞更成為頌讚羅馬皇帝的強烈反照。當羅馬人口唸：「惟獨凱撒是我們的國王」時，保羅明白這些空洞的話語，已成為羅馬信徒摒棄的過去。在這個新時代，保羅帶領羅馬教會的會眾吟唱一首新歌：「因為萬有都是本於祂，倚靠祂，歸於祂。願榮耀歸給祂，直到永遠！阿們。」這首新歌並不是攻擊舊時代。相反地，它顯示藉著保羅的福音宣教，基督的新時代將慢慢地征服舊時代。

從一個更廣泛的層面來看，華人教會所面臨的挑戰，也與種族的事工有關。文化與種族事工對於宣教的心態有極大的影響。保羅的宣教心態重於，積極地與不同種族的信徒建立夥伴關係。他為了傳揚福音，甚至與所有不同的教派同工。上述應用的顯著例子就是，華人教會應當主動成為非華人教會的贊助者。華人教會不應當輕視這些正在衰退中的「西方教會」，因為是他們將福音帶至華人當中。誠如保羅向羅馬帝國宣教一樣，只有勇敢地向那些曾經殖民化中國的國家宣教，殖民與種族的傷痛才得以撫平。在世界全球化的環境中，我們很容易以帶有「自己文化」的基督教，反向地殖民化我們宣教的對象。[5] 不論一般華人基督徒是否察覺到，華人對西方的宣教也容易帶有東方的文化包袱；而這種情況同樣地傷害了真實的福音。只是將福音傳回西方並不夠，華人教會應當秉持自我否認的謙卑心志，才更加符合保羅的宣教態度。全球宣教的大環境要求宣教的福音，兼具多重文化與反文化的特性。像保羅一樣的宣教士，可能一方面要否定自己的文化，另一方面又要留心衝擊宣教工廠的許多文化影響；因為每個宣教地點的環境與文化變化多端。至終，對華人教會而言，這種宣教心態正是對於羅馬書九至十一章的正確應用。正確的末世觀應當產生正確的種族觀，並且激發正確的宣教回應。

總而言之，保羅為羅馬書九至十一章提供三項具體應用。首先，在以色列過去的揀選方面，羅馬教會必須繼續保持謙卑的態度，因為揀選的權利完全在上帝的手中。其次，在以色列現在的失腳方面，羅馬教會必須生活在懼怕與戰兢中，因為知道上帝有權利砍下任何自高的民族羣體。因此，無人可以存有任何種族驕傲的心態。最後，在以色列的未來方面，羅馬教會必須藉著支持保羅的宣教事工而心存盼望。因為保羅的宣教至終將引向以色列的未來揀選。同時，猶太人將由個人的層面，繼續成為基督徒；但外邦教會則是傳揚福音的主力。凡教導這段經文的基督徒，絕對不可忘記保羅上述三項應用。讓我們再次銘記，若將這段經文當作某種教義來教導，將全然錯失保羅的心意。

# 問題思考

- 以色列的過去與書信的目的有何相關？
- 以色列的現在與書信的目的有何相關？
- 以色列的未來與書信的目的有何相關？
- 許多學者偏向將這段經文的主題，視為上帝的國度與羅馬帝國的對照，你同意嗎？同意或不同意的理由何在？
- 為甚麼橄欖枝子的類比，與失去個人的救恩無關？
- 一般來說，十一章26節及以下的「以色列全家」具有幾種不同的說法？
- 「以色列全家」的未來得救，與保羅現在的西班牙宣教有何關連？
- 你認為保羅希望他的外邦宣教，能為以色列人帶出甚麼結果？
- 羅馬書九至十一章的集體信息與個人應用，具有何種關係？
- 根據上帝對以色列的救贖歷史，我們可以獲得哪三項應用？
- 根據羅馬書九至十一章，華人教會（一個民族實體）應當向那些起初將福音傳給華人的民族，作出何種回應？
- 保羅的討論如何暗示，在全球情境中的種族關係？
- 保羅對於基督教之猶太根源的提醒，為基督徒所應秉持的舊約觀與舊約研究態度，帶出何種教導？

註釋：

1 九章19至20節的經文，包含了頗具爭議性的泥土與器皿的比喻。讀者不可錯失這個故事的要旨。換言之，陶匠是器皿貴重或卑賤的決定者。沒有陶匠的手藝，器皿仍是一團泥土。因此在上帝面前人人平等。所以，問題並不是，為甚麼不是所有的器皿都得救。保羅的信息乃是，任何器皿能夠得救，都令人驚訝萬分。

2 Brondos, *Paul on the Cross*, 99.

3 Campbell, *Paul and the Creation of Christian Identity*, 61.

4 J. Louis Martyn, *Theological Issues in the Letters of Paul* (Edinburgh: T & T Clark, 1997), 171 ～ 175 指出，保羅在加拉太書，將以色列視為被趕出去的；然而在此，保羅否定這種看法。

5 Darrell L. Whitema, "Anthropological Reflections on Contextualizing Theology in a Globalizing World," in *Globalizing Theology: Belief and Practice in an Era of World Christianity*, eds. Craig Ott and Harold A. Netland (Grand Rapids: Baker, 2006), 61 指出，地方性文化對於全球情況，發揮巨大影響力的有趣現象。這方面，同樣對宣教具有衝擊力。

## 哥林多的猶太會堂

這個會堂的地板是哥林多惟一存留的會堂遺迹。地板的設計顯示一種完全脫離猶太國家主義或宗教象徵的圖樣。這個地板成為希臘化猶太人，在藝術作品上徹底採用希臘風格的清楚例證。顯然，當保羅初次停留哥林多時，猶太人的抗拒與毀謗極大，以至迫使保羅往外邦人那裏去（徒十八章）。然而，這個具有希臘風格的會堂，似乎展現一種自由採用希臘文化的作風。那麼，為何猶太人會攻擊保羅「勸人不按著律法敬拜上帝」（徒十八 13）呢？原來，使徒行傳十八章 2 節指出，最初的衝突與革老丟命令猶太人離開羅馬有關。這個重要的提示，幫助我們了解保羅所處的景況。當時一定有些猶太人，對外邦人極其友善；然而，另些猶太人卻主張嚴守律法，並且不准沾染外邦人的習俗。可見，會堂的遺迹只讓我們看見真實景況的一部分。在哥林多親身經歷種族衝突的保羅，必然非常害怕相同的衝突在羅馬教會重演。

# 第八章

# 敬虔的關係超越社會的關係(I)——私人關係的責任(十二1～21)

## 引言

十二章1至2節是羅馬書十二至十五章完整段落的關鍵經文，因為十二章的標題是一至十一章的摘要回應。尤有甚者，十二章1至2節具十二至十五章之迷你前言的功能。因此，十二章1至2節應該成為羅馬書餘下討論的中心焦點。

如此說來，羅馬書十二至十五章的經文段落，具有下列三項特徵。第一，這段經文以羅馬書一至十一章清楚表達的上帝的義為基礎，並且以十二章1節的「所以」，指示這兩大段經文之間的關係。第二，這段經文具有濃厚的關係層面，因此具有集體的特徵。第三，這段經文觸及希羅生活的每一部分。換言之，它是一段完整和非宗教／非禮儀的討論。

下文的討論將顯示為何這種釋經角度如此重要。為簡化上述的結構論證，下頁的流程表將使最後段落的邏輯更顯清楚。

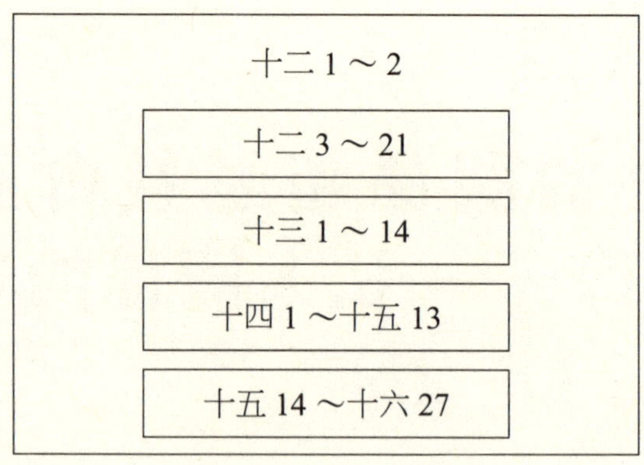


## 信徒向上帝的責任（十二 1 ～ 2）

十二章 1 至 2 節不但有力並且普遍受到信徒的喜愛。穆爾（Douglas Moo）認為完全的更新變化是這兩節經文的核心要義。[1] 更確切地說，十二章 1 至 2 節是羅馬書餘下部分的基礎，而「慈悲」一字又是十二章 1 至 2 節的基礎。若要用一個簡單的概念來總結羅馬書一至十一章的討論，那麼「上帝的慈悲」當屬最佳的答案。在討論命令的根基之同時，保羅也給與了三項主要的命令。

第一，保羅鼓勵羅馬信徒將身體「獻上」當作活祭。保羅以四種方式描述信徒所獻的祭：活的，聖潔的，上帝所喜悅的，理所當然的。祭之所以是活的，主要因為信徒已經從死裏復活（羅六章）。保羅並沒有離開舊約獻祭的制度，但卻為它添上了基督的新義。根據上帝在羅馬書一至十一章所展現的豐富慈悲，教會應該自然地以感恩為回應。當保羅在羅馬書十二至十五章開始討論以基督為中心的倫理時，信徒所獻上的感恩祭將更加實際與明顯。

第二，保羅命令羅馬信徒不要效法這個世界。在保羅大部分的寫作中，「世界」一字應該被譯為「世代」（age），它的意義顯然稍有不同。當保羅負面地談論「世代」時，他所指的乃是與信主之前的生命有關的一種價值觀。這種價值觀未必全然敗壞，但當基督進入信徒的生命時，這種價值觀應該被徹底淘汰。

第三，保羅勸勉羅馬信徒要被改變，也就是要心意更新而變化。至終，信徒的生活方式，應當展現信徒的生命改變。保羅乃是督促基督徒以集體的方式，深入思想上帝的事，以在外邦的環境中，進行更有分量的理性對話，以及流露更有生命的道德見證。這兩節經文的集體用語可能表明，保羅期待信徒羣體共同努力的心意。[2]

這三項命令所產生的過程，具有體驗上帝的旨意的目標（羅十二 2）。[3] 保羅沒有根據人的標準，而以上帝的標準將上帝的旨意描述為善良的、純全的與可喜悅的。察驗的最基本層面就是道德（即善良的）。察驗的第二個層面是可喜悅的。「喜悅的」一字也出現於十二章 1 節，意指上帝所喜悅的。察驗的第三個層面是「純全的」，也可被譯為「成熟的」。信徒或教會應該自問，是否某些價值觀或生活方式會轉移或破壞對上帝的忠誠。

保羅對於倫理觀的基本討論，完全根基於羅馬書一至十一章的教導。詮釋者絕對不可忽略保羅宣教與羅馬贊助人制度的背景。上帝的慈悲的上帝論基礎顯示，保羅的宣教完全與上帝在舊約中的旨意相符一致。保羅切望羅馬基督徒甚至在自己的城市中，都是美好的見證人。他不僅盼望他們在金錢上支持他的宣教，更要求他們以基督的新造之人在自己的環境中，開始宣教的工作。

## 私人關係的責任（十二 3～21）

指明信徒與上帝的關係，是在羅馬書十二章 3 至 21 節其他關係的基礎之後的，保羅現在開始討論與私人關係有關的兩個重要層面。第一，保羅從屬靈恩賜的角度，來討論基督徒的自我了解。第二，保羅闡釋影響所有領域的關係原則。服事上帝必然有服侍人的後續行動產生。服事人可能需要犧牲自己（羅十二 1 ～ 2），因為恩賜不是用來啟發自己，而是用來建立別人。

首先，保羅對於基督徒自我的理解，並不以個人主義為中心，而是以羣體為基礎。下列四項原則。第一，保羅在十二章 2 節上以自己為例提出恩典／屬靈恩賜的原則討論。他強有力的陳述：「我憑著所賜我的恩（即他的使徒身分），對你們各人說。」第二，保羅在十二章 3 節下討論來自正確判斷的謙卑原則。「信心的大小」（measure of faith）在此可被譯為「忠心的大小」（measure of faithfulness）。換言之，根據基督徒忠心地履行某種責任的能力，基督徒可以評估自己的恩賜。第三，保羅在十二章 4 至 5 節，談及與他人合一的原則，因為所有的信徒都同在「基督裏」。自我無法單獨存在！第四，保羅在十二章 6 至 9 節論到如何以聖經的原則，在教會中運用恩賜。[4]

特別值得思考的是，出自十二章 3 至 8 節有關愛他人的涵義與應用。不論一個人多麼努力，超乎個人所得恩賜的事奉，未必是一種健康的屬靈表現。在運用任何恩賜之前，基督徒必須明白他至終要以活祭的身分向上帝負責（羅十二 1 ～ 2）。儘管希羅社會充滿各樣的階層制度，但保羅的福音所屬於的，就是上帝的主權。在上帝之下，信徒是彼此的僕人。毫無疑問地，保羅意欲使他的福音成為任何社會制度的優質取代。

其次，在基督徒正確的自我了解的教導之後，保羅現在開始討論私人關係的第二個層面。在這段私人關係的教導上，保羅提出七項責任。第一，保羅在十二章 9 至 10 節提及，愛是居於七項責任之首位。第二，保羅在十二章 11 至 12 節呼籲信徒，要有殷勤的熱心。第三，保羅在十二章 14 節勸勉信徒，要為他們的逼迫者祝福。第四，保羅在十二章 15 節教導信徒，要在各樣的生命景況中行事合宜。第五，保羅在十二章 16 節要求信徒，要過和諧的肢體生活。第六，保羅在十二章 17 至 20 節鼓勵信徒，要以信心為本消除心中的仇恨。第七，保羅在十二章 21 節提醒信徒，要以善勝惡。這七項可能要求信徒犧牲的責任，將為信徒帶出一種與現今世界完全不同的更新與變化（羅十二 1 ～ 2）。

總的來說，保羅有關私人關係的教導具有四項重要的涵義。第一，基督徒的得勝並不出自行動的報復，而是源於自我控制的心意更新。第二，基督徒的武器並不是仇恨與大力，而是愛。第三，以惡報惡的基督徒，仍然活在世界的尊榮制度中。第四，對美善的審判主來說，一切的寬容都是信心的記號。這四項重要的涵義，強烈地成為羅馬尊榮制度的反照。它清楚流露，基督徒並不從這個世界尋求滿足。實際上，即刻的滿足是佳美見證人的大敵。保羅的福音應當激勵基督徒，活在另一種永恆的價值觀中。這種永恆的價值觀來自耶穌的教導，並藉著保羅的宣教被傳揚。沒有合宜的見證人，宣教不可能產生。保羅切望他的讀者能夠成為福音的範例，以使他的福音宣教能夠得到適當的支持。

## 問題思考

- 羅馬書十二章 1 至 2 節的功用何在？
- 第十二章的功用何在？
- 十二章第 1 節如何與一至十一章連結？
- 在保羅對於自我了解的教導上，自我與他人具有何種關係？

- 甚麼是審查信徒是否具有某種屬靈恩賜或才能的衡量尺度？
- 為何「忠心」是十二章 3 節的較佳翻譯？
- 屬靈恩賜具有甚麼目的？
- 逼迫與邪惡的提及，如何向我們顯示這個世代的現實問題？
- 保羅的尊榮制度如何與羅馬的不同？
- 基督徒的見證如何贏得勝利的結果？
- 信心在報復的循環中，佔何種地位？

註釋：

1 Moo, *The Epistle to the Romans*, 748 偏向以倫理的角度解讀羅馬書十二至十五章。

2 複數的第二人稱「你們」有趣地與單數的「心意」（νοός / mind）一同出現。

3 「察驗」（prove）一詞顯示，基督徒的生命應該能夠展現，他們對於福音所教導之真理的經歷。

4 我說「聖經的」因為第 6 節的「信心」帶有冠詞，因此與十二章 3 節不帶冠詞的「信心」有區別。這裏的信心乃指，代表基督徒信心的聖經教導。Fee, *God's Empowering Presence*, 608 警告讀者，勿將其解讀為某種教義，他認為福音就是信心。我懷疑這種區別，要到後期的教會歷史才較明顯。我不認為保羅時代的教會，已經建立這種清晰明確的區分。不過，費依（Gordon Fee）認為信心是基督徒羣體之一部分的看法，顯然極為正確。十二章 6 節所提及的說預言，是一種說話的恩賜。就其本身而論，預言的內容必須合乎正統的福音，它不得超越福音的範圍。保羅特別將這項所恩賜與信心相連，因為預言的恩賜一向容易被人濫用。顯然地，在哥林多前書十四章的比較之下，此處經文並未對說預言的恩賜多做解釋。可見，羅馬基督徒不但積極地運用說預言的恩賜，他們運用的方式也極為正確。

# 第九章

# 敬虔的關係超越社會的關係（II）——公眾關係的責任：愛與盼望（十三1～14）

## 引言

如果羅馬書十二章是羅馬書最後部分的標題，那麼羅馬書十三章1節及以下經文則顯示，保羅對於具體應用的首要重視。十三章1節清楚流露，保羅十分關切信徒與帝國的關係。保羅需要向信徒傳遞一項重要的事實：基督的國度的確有極大的影響力，但它卻不具政治的破壞性。在此，保羅將他的宣教視為第一優先，因此針對最有可能反對宣教事工的政府提出討論。信徒對於這段經文的應用，常帶過份或不及的傾向。只要詮釋者了解歷史背景、經文的上下文，以及作者用意，這段經文將為信徒帶出一個平衡的基督徒政府觀。

## 順服政府（十三1～7）

那些認為保羅的福音攻擊政府的說法，並不完全正確。在膜拜羅馬皇帝異教的議題上，保羅既不是參與論戰者，也不是懦弱妥協者。無疑地，保羅在羅馬書所使用的語言和主題討論，的確具有一股濃厚的政治意味，但這並不表示他直接挑戰這些議題。因為直截了當地拒絕某種政府慣例，將嚴重危及保羅的宣教。

十三章 1 至 7 節的修辭證明，保羅有一個非常真實與平衡的政府觀，因為他將宣教視為超越一切的優先考慮。當時的一項重要歷史背景值得讀者注意，也就是當保羅撰寫羅馬書時，尼祿皇帝尚未開始逼迫基督徒。因此，這段經文屬於一種和平時期的基督徒政治－宣教倫理。這段經文顯示，政府與福音宣教之間的具體關係。保羅並不完全將政府視為宣教的攔阻，但保羅認為政府有可能妨礙宣教的推動。羅馬書十三章所討論的，是存在於保羅撰寫羅馬書時期的羅馬制度。而羅馬書十四章所討論的，則是成為前任政府之餘波的革老丟詔書所產生的結果。可見，政治背景濃厚地影響著羅馬書十三與十四章。保羅絕對不想革老丟皇帝驅逐猶太人的行動再次重演，因為這將使他失去所有的宣教支持者。

保羅以十三章 1 節上半節的命題，開始他的教導。關心宣教的基督徒，應該為下列三項理由順服政府。

第一，根據十三章 1 至 2 節，甚至當政府無法完美地代表上帝時，政府仍舊代表上帝。另外，階層制度也與十二章 1 至 2 節適當地連結在一起。因為在一種反諷的情況下，信徒可能需要像獻活祭一樣，放棄自己的權利，才能展現上帝的統治（羅十二 1 ～ 2）。當順服的行動發生時，個人的更新才能對這個世界有所影響。

第二，根據十三章 3 至 4 節，政府事奉上帝是為了人民的好處。保羅在這個階段的思想，不容許血腥的叛變。保羅認為不完全的羅馬法律仍有賞善罰惡之功能的論點，具有讓人驚奇的正面性。

第三，根據十三章 5 至 7 節，觸犯法律的基督徒也會深感良心不安。[1] 如果保羅對於宣教的長期雄心得以實現，保羅還是容許羅馬帝國的存在。另外值得一提的是，基督徒時常以使徒行傳五章 29 節，作為不順服法律的藉口。事實上，這種極端的結論實非必要，因為保羅與使徒行傳五章同樣以宣教為主要關切。換言之，凡對基督徒宣教有益的，就是合宜的應用。因此，應用的關鍵不在於基督徒的法律權利，而關乎宣教的推動。可見，應用端賴情況而定。

身為一個政治思想家，保羅既不是民主政治，也不是君主政治的倡導者。保羅不贊成血腥的革命，也不贊成消極的順服。只要福音能夠傳開，保羅可以與所有的政府形式共存。因為保羅切望政府能夠成為宣教的幫助而非攔阻。保羅的宣教心志，要求教會智慧地處理政府的議題。在向恐怖分子宣戰的全新政治特徵之下，這段經文對於全球羣體更具深刻涵義。複雜的政治情勢使人悲歎，並且盼望一個能夠主持世界性公義的國際組織出現。這個夢想的國際組織，能使每一個人獲益，並且不受不公義之害。然而，世界上不可能有這種制度存在，因為這是一種彌賽亞和末世的制度。無可置疑地，這個制度只可見於未來。宣教正是傳揚這種制度的管道，因而給予人類至大的盼望。總的來說，這就是保羅這段經文的主要目的。

## 基督徒作見證的原則（十三 8～14）

保羅在此以愛和盼望的討論，作為這章經文的結束。既然保羅已經在十二章 9 至 21 節，提出有關愛的討論，為何他需要在此重複這個議題呢？極少註釋者嘗試回答這個問題。這段有關愛和其他美德的教導，並不是一種毫無上下文的道德哲學論證。實際上，保羅對於經文的安排，一點也不武斷。對於上述問題的最簡單解釋，就是保羅只想要從政府的角度（羅十三 1 ～ 7），來討論愛的議題。這段經文也是基礎經文十二章 9 至 21 節的具體應用。尤有甚者，「鄰舍」在這段經文的出現，更加肯定了宣教與作見證的上下文。

更要緊的是這段經文展現，本書關乎羅馬帝國背景的觀察，正是對準目標的解讀策略。當讀者以上文的政府討論為解讀角度時，將發現保羅在此提供一個更優質的制度選擇。這段經文的清楚陳述，堪稱保羅作品中的第一。這段經文因此成為，上帝的永恆國度與人的暫時國度之間的主要對照。上帝的國度所具有的末世層面，強烈地反映出人脆弱的統治制度。這段愛的討論，也成為下文兩章關乎強者與弱者如何在教會中一起生活的提醒和轉折點。因此這段愛的討論，絕對不是後來添加的補充。保羅談論愛的債。畢竟，羅馬的社會是由債務和恩惠交織而成的聯絡網。然而，基督徒只有一種債：愛的債。

保羅引用幾處經文，來強化他有關愛的教導。第一，在十三章 8 節，保羅引用基督出自馬太福音七章 12 節的教導。第二，在十三章 9 節上，保羅引用十誡的最後四誡，這四誡都論及與他人的關係。第三，在十三章 9 節下，保羅引用利未記十九章 18 節，以及基督在馬太福音七章 12 節對於命令的詮釋。第四，在十三章 10 節，保羅以愛完全律法的一般原則，小結這段愛的教導。這些引述是保羅對於福音的展望，因為他深信福音將帶動信徒生命的更新（羅十二 1 ～ 2）。當教會以犧牲的方式順服基督時，教會將愈來愈具基督的形象。

最後，保羅以十三章 11 至 14 節愛的末世層面，總結這段經文。顯然，保羅認知人的制度不完美，但基督的制度卻毫無瑕疵。十三章 11 節說明，基督的國度已經更近了（參路十二 56，二十一

28；可十三 36）。因此，信徒為何不對宣教懷抱樂觀的態度呢？全心專注於一種警覺的生活，應該是基督徒對末世盼望的回應。

保羅更進一步地在十三章 12 至 14 節，提出幾項基督徒對於盼望的具體回應。第一，保羅在十三章 12 至 13 節，鼓勵羅馬基督徒脫去舊有的身分，也就是各種各樣不道德的生活方式。保羅在此的討論，不啻是基礎經文十二章 1 至 2 節的具體應用。第二，保羅告訴羅馬基督徒披戴新的身分，不給肉體留下任何餘地。保羅使用兵器的暗喻來顯示，基督徒的生命就像一場戰鬥一樣。基督徒所面臨的爭戰不僅是政府或帝國主義，更是那些容易導致基督徒無法有美好見證的原因。

羅馬書十三章是保羅教導基督徒公眾生活的最佳榜樣。因為在其中，愛的範例非但不抽象，並且極為具體。在深知政府及公眾場合的角色之下，愛成為基督徒生動的見證。保羅以自己的生命展現他對於這項教導的理解。保羅的基督教不是修道院式的信仰，他一點也不主張信徒隱退世界而活。相反地，保羅要求基督徒在不完美的制度中，積極地以毫無瑕疵的恩典福音與世界互動；致使創造的有限救贖繼續發生，直到耶穌再來的完全救贖實現。

## 問題思考

- 為甚麼保羅將政府置於所有的人際關係之首？
- 在羅馬書十二至十六章中，這一章如何與上下文相關？
- 這段愛的討論具有甚麼目的？
- 這段愛的討論與十二章 1 至 2 節的獻祭和更新有何相關？
- 這段愛的討論與十二章 9 至 21 節的愛的討論，有何不同？
- 甚麼是保羅在此的政府觀？

- 甚麼是理解保羅政府觀的正確方式？甚麼不是理解保羅政府觀的正確方式？
- 為甚麼保羅在此的政府觀，不是信徒面對政府的絕對標準？
- 在政府方面，甚麼是基督徒的責任？
- 根據十三章 11 至 14 節有關罪的列舉，甚麼是保羅的文化觀？

註釋：

1 十三章 6 至 7 節的用語，與馬可福音十二章 17 節的極為相似。保羅很可能再度訴諸於耶穌的教導。

# 奧古斯都的宗教功能

這兩幅照片裏的是奧古斯都的雕像。這兩個雕像所展現的奧古斯都並不是一位神，他顯然具有濃厚的祭司功能。它們乃是在陳列雕像的舊哥林多博物館拍攝而得的。這個雕像的重要性不容忽略，因為它代表奧古斯都與哥林多人同在的重要意義。它時常提醒哥林多人，奧古斯都的宗教角色。這個雕像是奧古斯都受居民歡迎的實際指標，因為他起初被選為祭司院（College of the Pontiffs）的祭司，後來才被任命為首席祭司。奧古斯都與希臘人的關係，和他在祭司院擔任祭司職位極其相關。因著這個職位，奧古斯都很快地成為希臘運動會的首領。

明顯地，奧古斯都具有最高大祭司（*pontifex maximus*）或首席祭司的角色。儘管這個職位原本只具宗教性質，並且僅限於貴族階層；但奧古斯都在位期間，決定性地使這個職位的功能超越宗教的範疇。換言之，他政治化了這個職位。更重要的，奧古斯都非常喜歡稱自己為「指揮官凱撒、神的兒子」。他的服飾顯示他不僅穿著正式的寬外袍，並且戴上頭巾以彰顯他的祭司身分。他的頭巾在胸部之處更明顯可見。在哥林多的奧古斯都雕像，讓哥林多人清楚知道誰是真正的掌權者：羅馬皇帝。最重要的是，在保羅撰寫羅馬書時，羅馬帝國藉著這類雕像，將它的帝國主義帶至哥林多。

# 第十章

## 敬虔的關係超越社會的關係（III）——責任的基礎：信心（十四1～十五13）

### 引言

這段經文之所以重要，具有許多原因。既然保羅已經為信徒如何處理教會外的生活（尤其是與政府相關的生活）提供了許多指引，現在保羅針對羅馬信徒在教會內的生活提出討論。因著猶太基督徒的返回，保羅預期一些關乎禮儀慣例和生活方式的衝突。所以他以這方面的需要為焦點。我們幾乎可以想像返回羅馬的猶太基督徒用一種非常輕視的語氣，對吃肉的外邦基督徒說：「難道你不知道吃這種肉，會使你的弟兄跌倒嗎？讓我們整個教會完全不吃肉吧！」

顯然，這段經文的問題已經與種族無關，因為保羅完全避免使用種族的標記；不像在羅馬書九至十一章，保羅清楚使用種族的名稱。如果保羅沒有以種族的角度討論議題，那麼讀者最好不要太強烈地將最後的議題，歸類為種族問題的討論。保羅的討論模式，無疑具有猶太人的色彩，但強者與弱者可能是猶太人或外邦人。顯然，保羅將自己置於「強者」的範疇中。保羅以建立他人的普世原則，而非文化細節為焦點。當保羅撰寫這段經文時，這個可能發生的衝突必定深印在他的腦海中。最終這個問題，將破壞保羅的宣教。如果教會內的爭吵，洩漏至當地的猶太人宗教羣體，尼祿皇帝可能會重蹈革老丟皇帝的政策，將羅馬的基督徒或至少猶太基督徒再次放逐。屆時，保羅的宣教將再度受到危及。因此對保羅而言，自由的議題與宣教緊密相連。

## 問題——引起爭論的兩件事（十四 1 ～ 12）

保羅以引起爭論的兩個問題，開始這段討論：食物和日子。第一個問題可見於十四章 2 至 4 節，第二個問題可見於十四章 5 至 12 節。而十四章 1 節的陳述，則成為影響這兩項問題的原則。接納的責任落在強者的肩上，他們的生命必須流露犧牲的特質（羅十二 1）。

我們時常看見現代教會，對於保羅這項教導有負面性的誤解。

第一，許多人誤以為強者，是那些在無關緊要的事上積極約束自己生活方式的人（例如，食物、衣著風格、音樂愛好）。根據保羅，修道士的（即敬虔的）生活方式，被列為「弱者」。保羅將那些為自己設下許多限制的人，視為弱者而非敬虔者。

第二，許多人誤以為「弱者」是那些聲稱他人將因無關緊要之事而絆跌的人。對於這類人，保羅已經在加拉太書處理他們的問題。保羅認為，他們傳揚與真實福音相互抵觸的另一種福音。因此，保羅從未認真地將傳揚虛假福音的講道者視為信徒。

那麼，究竟甚麼才是對於經文的真實了解？

第一，保羅認為強者是那些能夠完全運用自由的人。

第二，保羅認為強者是那些相當成熟，以致於能夠辨別真正的（而非想像的）絆腳石的人。這種敏感性要求強者，對每個人都要秉持牧者的心腸。

第三，保羅認為強者有可能，將真正軟弱的基督徒視為次等基督徒。[1]

第四，保羅雖是猶太人，卻看自己為強者之一員。[2] 保羅可以選擇戒除某種食物和常規，或他也可以選擇自由運用的權利。

這一切是十二章 3 節所陳述之原則的實際應用。在羅馬書十二章，保羅告訴羅馬信徒要欣賞彼此的差異。扼要來說，恰與初期教會相反地，現今的福音派教會有時會根據一個人約束自己的程度，來判斷他的屬靈成熟度。然而，初期教會卻以一個人運用自由的程度，來決定他的成熟度。

保羅所要觀察的第一個爭論是食物，可見於十四章 2 至 4 節。為甚麼保羅需要提出食物的討論呢？因為在保羅的時代，愛筵似乎是教會社會生活的中心。如果這項爭論未經妥善處理，那麼它極可能成為教會分裂的導因。自從被擄之後，猶太人不再有太多的律法可以遵行，但食物的律法卻繼續影響猶太人的生活。因此之故，遵行食物的律法成為猶太人獨有的種族特徵。或許華人讀者較難體會，食物的律法對猶太人的重要性。我認識一些保守的猶太人和中東的回教徒，他們對於飲食的律法非常認真。他們無法想像，食用任何違犯食物律法的食物是多麼可怕！當他們看見西方世界或華人社會經常違犯這類律法時，他們勢必感受一種巨大的文化震驚。尤其是居住在國外的猶太人，更是繼續保持這項種族特徵。因為飲食的區別是他們惟一能夠掌握，並且提醒自己獨特身分的方式。對猶太人而言，觀看旁人行使與過去偶像敬拜有關的習俗，一樣令他們感覺討厭。這使得原本已經棘手的情況更加複雜。同樣地，在保羅的時代，身為猶太人種族分界線的食物，可能已經成為他們日常的生活習慣了。

食物也是外邦人的問題。因為外邦人的市場販賣來自廟裏的肉類。就像已經戒酒的酒徒對於酒有問題一樣；那些對於祭拜偶像之物有問題的人，也以同樣的心態反對祭拜偶像之物。食物與外邦人在廟裏的筵席有關。[3] 因此，根據十四章 2 節，有些在羅馬的外邦基督徒，可能選擇成為素食者。肯定有許多猶太人也是如此行。保羅已經先行預期衝突的可能性，因此他首先提出不要絆跌「弱者」的警告；然後他以呼籲成熟的外邦基督徒學習接納，來平衡他的觀點。在無關緊要的事上，保羅不願意劃分「必須」（must）或「不可」（must not）的死板界限。改教時期對於律法主義的強調，持守相當堅固的立場。但律法主義卻是宣教的大敵。

保羅所指出的第二個爭論是日子，可見於十四章 5 至 12 節。此處的日子包含任何猶太－基督教的日子，就像安息日或逾越節等。在日子的討論上，保羅提出四項觀點，提醒信徒不要將日子的謹守當作至關重大的事。

第一，保羅在十四章 5 節，清楚區分基督徒的信念和上帝的啟示。保羅並不反對個人的信念。然而，信徒不可將個人的信念，強加在持守不同信念的人身上。

第二，保羅在十四章 6 至 8 節，將信徒的焦點重新放在最重要的議題上：耶穌的主權。保羅宣稱感謝和順服上帝的態度，應該是最重要的指引原則。

第三，保羅在十四章 9 節，強調基督徒的平等。因為基督同為弱者與強者而死。這整個原則再次呼應，十二章 3 至 8 節幫助教會產生合一的建立原則。基督為所有的人死，因此每個人都在同一位主之下，扮演自己的角色。

第四，保羅在十四章 10 至 12 節，指出未來的審判。換言之，現今的論斷將導致未來審判的後果。[4] 保羅倡導基督徒應當將審判權交在上帝的手中。保羅並沒有絕對禁止審判的事，但他反對個人意見的論斷。保羅在十四章 11 節，引用以賽亞書四十五章 23 節，顯示上帝的審判的嚴肅性。

## 答案——強者與弱者的爭論（十四 13～23）

在清楚展現問題與觀點之後，保羅現在為羅馬基督徒提供一些積極的步驟，以幫助他們解決爭論不重要之事的衝突。當他們願意如此行時，他們將可避免教會的不合一，因此不致危及保羅的宣教。

第一，保羅在十四章 13 節，呼籲強者不要論斷，乃要保護弱者。保羅甚至在十四章 14 節上，使用自己猶太人的身分來例證，甚麼是不重要的事。然而，十四章 14 節下顯示，甚至在保羅的時代，仍有一些人無法脫離事情的轄制。保羅在十四章 15 節更進一步闡述，不吃的選擇也是一種自由，因為生命實際勝於食物。

第二，保羅在十四章 16 至 19 節督促信徒要謹慎行事。在十四章 16 節，保羅指明強者的信心是一件善「事」，因為他們能夠吃某些食物。難道不重要的事可以成為善事？誠然如此！根據保羅，行使不重要之事的自由，正是福音的一個重要特徵。因此這個議題的中心是福音，而非食物。

第三，保羅在十四章 20 至 22 節，勸勉強者要建立而非拆毀主裏的弟兄。為甚麼保羅如此教導呢？因為每個信徒都是上帝的工程（羅十四 20）。如果弱者絆跌，那麼強者就毀壞了上帝的工程。如此說來，甚至軟弱的信徒都是上帝的工程。因此，十二章 1

至 2 節的更新，至終以集體的關係出現：教會聯合起來見證基督。這段經文也再次呼應十二章 3 至 8 節的建立原則。所有的信徒都應該謹慎保護弱者。沒有一個信徒可以草率粗心！再次地，根據保羅其他書信的可能背景（例如加拉太書），我們必須將弱者和律法主義者區分清楚。基本上，弱者真正感受宗教禮儀的影響，而律法主義者則是那些假裝身受弱者影響的強者。律法主義者不但不會心感不安，更是在無關緊要之事的爭論上，喧嘩不已。他們試圖以控制信徒的行為，來贏取他們在教會中的權利。保羅絕對不會認為這種律法主義者的聲音是一種弱者的表現。

第四，保羅在十四章 23 節，教導信徒操練出於信心的抉擇。對保羅而言，真正的問題是：「當我以無虧的良心行事時，我的行為是否能夠榮耀基督？」疑心將導致負面的轄制，這種結果直接與基督徒的自由對立。這節經文的最後一句話並不容易理解。究竟「凡不出於信心的都是罪」代表甚麼意思？既然食物使弱者深感良心不安，他實際已經破壞了在上帝面前的信心生活。根據十二章 1 至 2 節，信心生活正是對上帝全然忠誠的記號。容許自己被疑心轄制，不就等於犯罪嗎？可見，保羅在此也將責任放在弱者的肩頭上，他們不應該屈服於同儕的壓力，以致放棄自己在信仰上的自由。

## 總結（十五 1 ～ 13）

這段經文極為特別，因為它不但包含弱者與強者的討論，也包含來自其他篇章的副題旨（sub-theme）。雖然十五章 11 節似乎繼續前文的討論，但將十五章 1 至 13 節，視為羅馬書十二至十五章諸多主題的總結，當屬更穩妥的看法。所以，保羅在十五章 1 至 13

節，提出兩項最後的總結命令，使基督徒在關係上有榜樣可循。

第一，保羅在十五章 1 節，力勸強者（即堅固的人）一方面擔代弱者（即不堅固人）的重擔，另一方面不求自己的喜悅。[5] 這組教導極具深度，因為兩方之間的平衡涵蓋寬廣的涵義。那些不願擔代他人重擔的，顯然陷於自我中心的危險中。而那些只求喜悅自己的人，絕對不會擔代他人的重擔。在第一個總結命令中，保羅也在十五章 2 節談論，使他人喜悅的方式。保羅並不是要強者撫慰弱者所有的要求，或平息所有喧鬧者的爭吵。相反地，使他人喜悅的方式與建立的原則息息相關。讓步不應該使強者像踏墊一樣，任憑弱者或偽君子隨意踐踏。同樣的原則，也開啟了十二章 3 至 8 節，有關人與人之關係的討論。保羅的推論也再次宣傳，已經出現於十二章 9 至 21 節和十三章 8 至 14 節的愛的原則。不合一將導致失敗的見證，而失敗的見證將導致失敗的宣教。保羅的教導回答了一個重要的問題：「這些文化背景如此分歧的人，如何能夠同心讚美上帝呢？」這個問題的答案，將決定保羅宣教的成敗！

第二，保羅在十五章 7 上半節，將注意力轉向他的第二個總結命令。保羅提醒強者和弱者，要彼此接納。「接納」一詞，已在十四章 1 節被用來描述強者。這項命令不僅要求強者，並且要求弱者犧牲自己（羅十二 1 ～ 2）。可見，這項命令是羅馬書的至高總結。為了更大的益處，信徒必須犧牲個人的習慣和驕傲。「接納」代表以一種徹底和不帶任何論斷的方式，完全接受與自己不同的人。保羅要基督徒警惕，千萬不要在瑣碎之事的辯論中，喪失自己所該承擔的責任。

保羅繼續在十五章 7 節下至 13 節，談論第二項總結命令的根源、理由和結果。

第二項總結命令的根源，可見於十五章 7 節，來自同情的能力。

第二項總結命令的理由，可見於十五章 8 至 9 節上。保羅再次以耶穌作為彼此接納的最高榜樣。

緊接著，保羅在十五章 9 至 13 節，展現第二項總結命令的五個結果：稱頌上帝的名（羅十五 9），包含萬民（十五 11），外邦人的得救（十五 12），喜樂和平安（十五 13）。

簡而言之，十五章 1 至 6 節處理容忍和建立的議題，而十五章 7 至 13 節則處理接納的議題。保羅希望羅馬信徒不僅能夠容忍，並且能夠更上一層樓地進入彼此接納的境界。他們不僅要避免冒犯他人之事，並且要主動伸出援手。至終，保羅所宣揚的基督教非但不被動，反在本質和行動上，具有強烈的主動性。

總的來說，保羅使用至關緊要之事的一致性，來討論導致信徒爭辯的無關緊要之事。事實上，在羅馬書十二章，保羅已經根據倫理的角度，設下聖潔的原則。基督徒應該為上帝活出一種犧牲的生命。這種生命的部分層面，就是使用恩賜來建立教會。另外，如果基督徒無法為軟弱的弟兄犧牲一點自己的喜好，那麼他又如何能夠為看不見的上帝，活出犧牲的生命呢？當個人喜好和種族驕傲成為信徒的中心時，全球的宣教勢必無法推行。尤其是從外邦人的環境來看，信徒更應當留心自己的道德行為。如此看來，甚至在自由的福音內，道德仍佔同等分量的重要性。保羅並不容許毫無控制的完全自由。然而，在這個條件的澄清下，保羅仍然鼓勵信徒在無關緊要之事的範疇內，充分運用福音所帶來的自由。而在道德上中性的食物和日子，正是無關緊要之事的上好例證。保羅所引用的食物和日子，可以被今天任何一種無關緊要的事所取代。保羅以它們為例證，乃因它們適切當時的背景；但保羅所提供的普遍原則，仍然恆常有效。

當我們愈了解這些事情的背景時，我們愈能明白這段經文的廣泛應用性。對今日教會而言，這段經文幾乎可以應用在所有教會爭議的問題上。當無關緊要之事在福音的宣講中成為絕對真理時，問題將變得嚴重，並且大大損傷宣教的進展。可見，基督徒一方面應該表現與非信徒截然不同的至高道德；另一方面卻不應該將精力浪費在沒有道德差異的事上。真正的基督見證人，必然保持責任與自由之間的平衡。最後，倫理將帶動見證的生命。雖然羅馬教會的問題可能與倫理有關，但保羅卻不願意將他的解決方式限制在倫理問題的框架內。人總是喜歡表現自己高人一等。而為無關緊要之事爭吵，則成為表現優越感的一種方式。因此保羅希望藉這段經文勸勉羅馬信徒，務必抵擋自認為高過其他信徒的優越感。無可置疑地，保羅的宣教已經預設了，在上帝面前人人平等的大前提。

## 問題思考

- 為甚麼保羅使用屬靈的措辭，來處理可能發生的倫理問題？
- 這一章的討論，如何帶出保羅的宣教目的？
- 甚麼是指導無關緊要之事的原則？
- 保羅如何使用耶穌的例子，來說服他的讀者？
- 在我們的文化中，有哪些是引起爭議的無關緊要之事？
- 在這些無關緊要的事上，我們應當如何應用保羅的原則？
- 甚麼是真正的弱者和危言聳聽的律法主義者之間的區別？
- 敬拜與合一如何成為解決這類爭論的良方？
- 這段經文如何與羅馬書十二至十三章的討論前後一致？
- 這段討論如何與關鍵經文十二章 1 至 2 節相關？

## 註釋：

1 保羅說不要論斷別人，因為審判的基礎是上帝和政府的權威（參羅十三章），因此審判人的必須具有所有審判的知識。

2 這段經文充滿第一人稱複數數式，因此將保羅列為強者之一（例如，羅十四12～13、19）。

3 事實上，Peter-Ben Smit, "A Symposium in Rom. 14.17 ? , " in *Novum Testamentum* 49 (2007), 40～53 展現羅馬書十四章此處的用語，與外邦人的社交聚餐有許多相似之處。人們對於社交聚餐的期望就是公義、平安和喜樂（參羅十五12～13）。如果這是正確的觀察，那麼保羅不單鼓勵信徒要和睦共處，更勸勉他們要達到和諧社會的基本標準，以使他們能夠成為好的見證人。當然，保羅盼望信徒能夠超越那些基本標準，以使他們因著基督的名和保羅的福音宣教，為更美善的目標共同努力。保羅的教導不僅限於道德標準的遵從。對保羅而言，道德是達成宣教目標的管道。

4 一般來說，有兩個字被用來代表審判台。"∋ριτήριον" 通常指「刑罰的地方」。保羅所使用的 "βήμα"，則代表在奧林匹克競賽中為獎賞存留的。換言之，保羅希望每一個人為了審判台前的獎賞，專心努力。他不希望信徒因為別人的不同，而採取處罰的行動。基督徒不應該以他人是否缺乏獎賞為關注的焦點，因為這些人可能犯錯，但也可能沒有犯錯。

5 擔代軟弱，代表替他人背負重擔的意思。不求自己的喜悅，則牽涉個人動機的檢視。保羅再次將自己歸類於強者之中，因為對強者而言，凡在道德上無關緊要的事，他們都可以自由而行。

## 聲名狼藉的哥林多衛城

這是聲名狼藉的哥林多衛城的入口，也是愛芙羅黛蒂神廟（Aphrodite Temple）的座落之處。它大約是公元前六世紀的建築物。這個神廟的收入之一，來自為人提供娼妓（女祭司）服務的費用。在保羅的時代，這個神廟可能已經荒廢無用了。單就遺址來看，它並不像一個能夠容納一千名娼妓的神廟。然而，愛芙羅黛蒂女神的神話身分，卻極具意義。她是一個由海而生的女神。 她的神廟俯瞰城市，成為她保護並祝福所有航海者的標誌。因此，哥林多與她的貿易的確需要愛芙羅黛蒂女神的祝福，因為哥林多的成功完全依賴羅馬的影響（在保羅的時代）。沒有愛芙羅黛蒂女神的祝福，與地峽滾軸平台的發明，哥林多的貿易不可能享有當時的商業成就。

這張照片中的城牆，建造於較保羅更晚的時期。這個地點的高度也提供了軍事安全的優勢，因此適合建築防禦城市的要塞。

# 第十一章

# 敬虔的關係超越社會的關係（IV）——責任的範例：實物教導（十五 14～十六 27）

## 引言

我並不建議將問安與結尾分開，因為我相信保羅的問安具有超越個人問安的強烈修辭功能。因此，十五章 14 節至十六章 27 節應當是羅馬書最後的結尾。保羅自然地由弱者與強者的討論，轉向自己宣教事工的論述。保羅的宣教，是一個信心剛強的猶太人向不認識上帝的軟弱外邦人傳福音的事奉。因此，在保羅廣泛地提出以耶穌為榜樣的論證之後（羅十五 5～8），保羅自己也成為信徒遵循的範例。如此說來，羅馬書的結尾不僅講述保羅的宣教，更進一步地延伸強者應該如何愛弱者的討論。

## 保羅的事奉（十五 14～33）

為甚麼保羅到現在才討論他的事奉呢？理由其實非常明顯。因為保羅如果沒有預備讀者先行解決他們的屬靈問題，那麼保羅絕對無法使讀者明瞭宣教的重要性。保羅以下列幾種方式，帶出有關宣教的討論。

第一，保羅在十五章 14 節，藉著稱許羅馬信徒的品德和知識，來與他們建立友好的關係。保羅非常重視能力與品德之間的協調。他也總是主動稱讚與鼓勵信徒的表現。[1]

第二，保羅在十五章 15 至 16 節，坦承他在信中提出一些大膽的觀點。這些觀點的提出，並不因羅馬信徒需要勸誡，乃因保羅自己的權威職分。[2]

第三，保羅在十五章 17 至 18 節，不以自己而以上帝為可誇的，來澄清自己的權威。[3]

第四，保羅在十五章 19 至 20 節，介紹自己事奉的範圍和策略。保羅事奉的範圍實在驚人。在保羅來到羅馬之前，他首先確定在東方沒有寸土之地未曾聽聞福音。保羅的解釋實屬必要，因為可能有些人因嫉妒而惡意中傷保羅。他們可能謠傳保羅的延遲未來，是因為他不把宣教當作一回事。保羅的解釋顯示，保羅的羅馬之行是何等地重要。更重要的，雖然保羅切切地想要往羅馬去，但他卻先完成上帝託付於他的使命。可見，保羅將責任置於個人的願望之上。[4]

在多少談論自己之後，保羅開始介紹他的事工。就像保羅的個人或自傳寫作，這段經文也為辯護保羅訪問羅馬的目的而寫。同時，保羅也為包括羅馬宣教在內的其他宣教，提供一個學習的模式。甚至身為宣教偉人的保羅，都需要建立以羣體為基礎的事奉。因此，我們可以從保羅的事奉看見下面幾項特徵。

第一，保羅將種族的和諧，視為事奉的優先。在十五章 25 至 26 節，保羅以具體的方式談論合一。從保羅在哥林多撰寫羅馬書的事實來看，保羅在此提及耶路撒冷之旅，未免令人好奇。[5] 因為從最實際的角度來看，保羅儘可派一位代表前往耶路撒冷，以使自己如願地踏向羅馬。然而，地理的觀察突顯了整個事件的重大意義。從哥林多到耶路撒冷的單程距離，足有一千英里之遙；但羅馬卻是哥林多的近鄰。可見，保羅的目標並不是地理的便利，而是種族的合一。這也成為他親自前往耶路撒冷的原因。

第二，保羅在十五章 27 至 29 節更進一步展現，送禮物給耶路撒冷的猶太人實屬必要。保羅的目標乃是藉著物質或財務的捐獻，來表達感激之情。這項事實顯而易見，因為外邦基督徒在屬靈上欠了耶路撒冷教會的債。藉著將捐獻帶回耶路撒冷教會，保羅不但彰顯一種更加新近與優越的贊助人制度，更活出羅馬書十二至十三章愛與建立的原則。

在描述他的事奉特徵之後，保羅在十五章 30 至 33 節，懇求羅馬信徒支持他的宣教。保羅所要求的支持，以禱告的祈求為主。突然地，保羅似乎暗示更多方面的支持。因為保羅在十五章 30 節明說：「與我一同竭力，為我祈求上帝。」顯然，保羅的掙扎是要確定他的宣教目的不致枉然。這很可能是保羅要求羅馬教會，以財務支持宣教的另一種方式。其實，保羅的工作也不是完全沒有危險。保羅在十五章 31 節的代禱要求明確顯示，保羅一方面遭非信徒的逼迫，另一方面還要面對聖徒的嚴厲論斷。保羅遭受非信徒和猶太信徒的兩面夾攻。在艱難的事奉道路中，保羅堅毅地流露出活祭的生命（羅十二 1 ～ 2）。保羅的宣教實非易事。保羅也在十五章 32 至 33 節，提及他在羅馬停留乃為得到休息。保羅最後在十五章 33 節，以禮拜儀式的問安結束本段經文。這節經文中的上帝，被描述為平安的上帝。這種描述顯然為了對照羅馬和平的背景。顯然，保羅的關切是猶太人和外邦人之間的和平。惟獨藉著彼此在屬靈上的建立和物質的祝福，兩方才能產生和平的關係。保羅橫跨帝國前往耶路撒冷，再轉回羅馬的路徑，展現這種和平必須藉著福音宣教的努力，而非軍事的統治來達成。

總的來說，保羅深知普世教會的重要性。他以身作則，成為這項教導的榜樣。保羅一方面將捐獻送往耶路撒冷，另一方面請求信徒為他禱告。縱使有許多現代詮釋者將保羅理想化，但保羅並不是一個單打獨鬥的宣教士。保羅將事奉視為合作努力的成果。保羅沒有高高在上地，要求他的手下為他禱告。保羅征服帝國的異象，並不取決於他的使徒領導力。他認為只有藉教會之間的合作，福音才能向前邁進。合作產生合一。個人主義則導致不和。至終，惟獨合一才能在福音的努力上，獲得長期的益處。

## 保羅的問安——個人關係的例證（十六1～24）

羅馬書十六章的內容，比我們想像的還要豐富。既然保羅從未拜訪過羅馬教會，他如何可能認識這麼多羅馬基督徒呢？然而，縱使保羅沒有設立教會，他仍然能夠十分廣泛地向教會的信徒問安。歌羅西書就是一個上好的例子。在整卷羅馬書中，保羅第一次在此使用「教會」一字。如此說來，這段問安成為教會的榜樣或典型模式。這段問安的修辭力量十分強烈，因此向讀者證明保羅的確知道他們的光景。可見，他與教會中的多位成員，已經建立個人的關係。

另外，保羅對於宣教的極致關切也顯示，他是一個審慎謀劃的人。他小心帶出的問安，與他在一章 11 至 13 節，想要把屬靈恩賜分給羅馬信徒的心意相符一致。這種溫馨的問安，實際是保羅宣教工作的一部分；對於保羅宣教工作的推展，具有極正面的幫助。可見，對保羅而言，宣教是一種範圍寬廣的心態。保羅的宣教不僅是傳福音的行動，更是對於信徒的培育和鼓舞。因此，成熟的信徒才能更進一步地支持，保羅將福音傳至未得之地的宣教事工。

保羅從關係和教義的基本角度，來表達他的問安。畢竟，教會是一個建基於教義的關係實體。

首先，關係的角度可見於四個非常獨特的層面。這四個層面顯示，基督徒為了基督教價值觀而放棄社會價值觀的生命流露。這四個層面都是活祭的一種形式（羅十二 1 ～ 2），因為基督徒將他們過去的價值觀棄置一旁。

第一，保羅以「在基督裏」描述所有的關係。「在基督裏」可被分為兩部分：屬靈的定位（羅十六 8 ～ 9、11）和行動（十六 2 上、3、7、10、12、22）。[6] 在基督裏的人不向凱撒效忠，也不為自己而活。惟獨屬靈的定位可以產生教會內的關係。[7]「在基督裏」的基礎，就是基督的身體。因為在信主／受洗之後，「所有」的信徒都屬於基督的身體（六 3）。信徒就是以這種方式「在」基督裏。在羅馬書中，信徒「在」基督裏的身分，同時對照了屬於這世界成員的公民身分（即羅馬）。因此，教會是一個尊榮而不羞辱的組織！

第二，保羅根據性別的平等，來談論關係的議題。在這一章，保羅提及九位姊妹和十七位弟兄，但姊妹所獲得的稱讚卻超過弟兄。當我們從這個角度來觀察時，我們發現保羅同時提及這對姊妹，更加突顯了她們對保羅宣教事工的幫助與重要性。

第三，保羅也關注種族的平等，因為猶太人和外邦人以極佳的比例出現在保羅的問安中。可見兩者都得到保羅同樣的關心。可能描述猶太人的「親屬」（kinsman）一字，可見於十六章 7 和 13 節。在此卻被保羅用來描述具有希臘名字的人。[8]

第四，保羅展現初期教會中的社會平等。羅馬社會一般具有三種法律地位：公民、自由民和被釋放的奴隸。尤其值得一提的是以拉都，因為在哥林多有一個碑文如此寫著：「以拉都，公共行政官，用自己的金錢鋪設這條道路。」保羅在十六章24節，將以拉都和一位具有奴隸名字的括土放在一起。以拉都之所以成為城市的贊助者，極有可能與他見證福音的社會覺醒密切相關。如此說來，羅馬的教會已經丟棄過去的價值觀，並以活祭的生命履行他們的責任（羅十二1～2）。

其次，保羅由教義的角度，命令教會遵行下列幾項要事，以保持教義的純淨。

第一，保羅在十六章17至18節勸勉教會分辨錯誤的教導。保羅對於食物爭論的警覺，顯示正醞釀著危險的羅馬教會（羅十六18）。根據強者與弱者的討論，這些服事自己肚腹的人，可能不是享樂主義者。保羅在十六章18節嚴厲警告信徒革除為無關緊要之事爭論的惡習。保羅在此所針對的異端，是一種提升自我（例如，將無關緊要之事當作敬虔的記號），以至高過基督主權的教義。

第二，保羅在十六章19節下勸勉教會分辨正確的教導。

無疑地，上述討論將讀者指向現代的全球宣教。在保羅平等主義的宣教下，敏感的現代讀者應該銳利地察覺，基督徒在貧窮者中間的劇烈增長。尤其是在第三世界的國家中，基督教的迅速發展更是驚人。保羅對於那些毫無特權的人相當尊重，他的榜樣成為第一世界許多中上階級教會的提醒。雖然因著不同的因素，每個人的角色似乎不同；但保羅仍將每一個人視為平等的福音夥伴。保羅並未給與貧窮者任何特權，他也沒有特別注意富有者。他對於每一個人的關心完全一樣。畢竟，福音的確為孩童、貧窮者和婦女，提供更美善的環境。而這一切好處，完全來自以恩典為基礎的神學觀。這項神學觀使建基於「工作／交換」的羅馬贊助人制度，更是相形見絀。總的來說，保羅的教會觀牢固地建立在福音中的恩典教義之上。保羅的個人關係，成為這項教義的真實反映。還有甚麼比信主之後的關係改變，成為更美的見證呢？

## 保羅的福音總結——再次的提醒（十六 25 ～ 27）

為甚麼保羅需要將這部分包含在羅馬書呢？因為在口述的文化中，書信的中心要旨可見於書信的前言和結尾。保羅希望再次為福音作個總結。他從五方面陳述福音，以供羅馬信徒仔細反思。

第一，十六章 20 節說明，福音是上帝得勝的信息。福音是平安的福音，因為撒但已經被擊敗了。

第二，十六章 25 節上指出，福音是見證耶穌的信息。福音是救贖歷史的最高點，因為耶穌就是最高點。

第三，十六章 25 節下至 26 節提及，福音是舊約所證實的信息。但十六章 25 節下至 26 節的用字，並不僅指摩西五經，乃指永生上帝的命令而言。

第四，十六章 26 節陳述，福音是獻身的信息。這與羅馬書的前言連結一氣，因為一章 5 節同樣提到「信服真道」。因此，福音的信息必須引致行動的產生。

第五，十六章 27 節宣告，福音是關乎上帝永恆榮耀的信息。

在短短幾節經文中，保羅由過去，現在與未來的角度呈現他的福音。上帝誠然是歷史的上帝。甚至像羅馬這麼偉大的帝國，都無法與上帝的掌權相比！

# 問題思考

- 如果我們將這段經文解讀為保羅為自己宣教事工的辯護，那麼你認為保羅是一個甚麼樣的人？
- 這整段落如何與十二章 1 至 2 節的倫理基礎相關？
- 在保羅的思想中，有哪些要素能夠導致宣教的成功？
- 羅馬書十六章如何指出羅馬家庭教會的存在？
- 你如何能夠從問安中看出奴隸的名字？
- 家庭教會的模式如何幫助信徒影響當時的社會？
- 羅馬碑文對照問安所帶出的回響，如何幫助讀者更加了解保羅的宣教？
- 保羅的問安如何顯示保羅對種族、性別和階級的態度？
- 為甚麼保羅需要在書信的結尾部分，重複福音的說明？
- 保羅強調福音的哪些要素？
- 基督的平安與羅馬的平安有何不同？

註釋：

1 「我自己」（I myself）與「你們」（you yourself）相對照。可見，保羅接受猶太人（例如，他自己）和外邦人（例如，羅馬基督徒）之間的不同。然而，兩者都能對上帝的事工有所貢獻。

2 「恩典」（grace）暗示他自己的權威責任（參羅一 5，十二 3）。「僕役」（minister）常被用來指舊約中的祭司職責（尤其是《七十士譯本》的利未記）。保羅看自己的使徒權威，就像祭司的職責一樣。舊約和第二聖殿時期的祭司制度，禁止外邦人來到上帝的面前。在保羅的事奉中，外邦人不但可以進到上帝的面前，更可以像舊約先知一樣蒙受聖靈的同住。由使徒行傳二十一章 27 節及以下經文，我們看見就在寫完羅馬書後一年，保羅被控將外邦人帶進聖殿中。

3 十五章 18 節尤其重要，因為這節經文肯定了保羅藉神蹟奇事所展現的使徒恩賜。哥林多後書十二章 12 節寫於羅馬書稍早之前，也以保羅這方面的能力為焦點，來作為保羅自我辯護的一部分。保羅在一章 1 節和十二章 3 節已經聲稱自己的權威。十五章 19 節的再次強調，實際顯出保羅對於自己的權威的關切。

4 十五章 22 節的「我因」(this is why)，與 19 節下保羅忙碌的行程相連一氣。

5 捐項來自馬其頓和亞該亞。因此，這些捐項很有可能來自腓立比信徒和哥林多信徒。

6 在十六章 2 上半節，保羅要求羅馬信徒「為主」(in the Lord) 接待非比。《聖經新譯本》將「為主」譯為「在主裏」是較佳的翻譯。《新譯本》對於這個措辭的翻譯相當一致，使讀者對羅馬書十六章「在基督裏」的概念研究，簡單許多。

7 屬靈的定位也要求信徒有所行動。尤其重要的是，十六章 10 節的「試驗」一字，代表真正品質的試驗。教會成員的行動必須經過試驗，才知道他們是否合乎「在基督裏」的標準。

8 十六章 3 至 4 節的亞居拉來自本都，是一個希臘化的猶太人（徒十八 1 ～ 3）。這是一個具有拉丁語形式的希臘名字，代表鷹的意思。十六章 7 節的安多尼古與保羅一同坐監，是一個猶太人，也可能是已經希臘化的猶太人。十六章 9 節的耳巴奴，是皇帝家中的奴隸所常有的名字，大多數是外邦人。同時，他也被保羅看為同工。

# 管銀庫的以拉都——信仰的贊助人？

這是一個頗具爭議性的碑銘，非常不容易在古哥林多遺址被發現。我的大兒子煥之站在碑銘旁邊，讓我們清楚看見碑銘的尺寸大小。碑銘寫著拉丁文：「以拉都為了回報他公共行政的官職，用自己的金錢鋪設這條道路。」根據羅馬書十六章24節，以拉都是公共行政的主管。他對城市的影響顯然十分重要。提摩太後書四章20節也證實他住在哥林多的事實。使徒行傳十九章22節提到另一位與保羅同工的以拉都。因為不可能同時成為城市官員與旅行宣教者的緣故，許多學者偏向兩個不同的以拉都之推測。更有可能的是，使徒行傳中這位神祕的以拉都，無法以有形的證據證實。但羅馬書中的以拉都，卻可從哥林多的銘牌得到確證。這片銘牌顯示，教會中有些富有的贊助人，並沒有將財富花在自己身上，反將其用來服務他人。羅馬書十六章24節提及以拉都，不僅展現保羅對於上層階級的影響，也顯示以拉都是一位廣為人知的教會贊助人。

## 曾思瀚博士著作精選

探索與鑽研神的話語，傳承真理。

誰的保羅，哪個福音？——保羅詮釋現象的反思
***Renewed Perspectives on Paul***

曾思瀚 著／曾景恒 譯／ HK$108

壞鬼釋經——糾正新約金句的常見詮釋
***Commonly Misinterpreted Texts: Exegetical Fallacies in the New Testament***

曾思瀚 著／曾景恒 譯／ HK$88

壞鬼釋經：舊約敍事篇——糾正舊約金句的常見詮釋
***Commonly Misinterpreted Texts II: Exegetical Fallacies in the Old Testament Narratives***

曾思瀚 著／李梅 譯／ HK$83

壞鬼釋經：舊約詩歌篇——糾正舊約金句的常見詮釋
***Commonly Misinterpreted Texts III: Exegetical Fallacies in the Old Testament Poetry***

曾思瀚 著／李梅、倪勤生 譯／ HK$93

壞鬼比喻：馬太福音篇——糾正新約比喻的常見詮釋
***Right Kingdom, Wrong Stories: A Backward Reading of Matthew's Parables***

曾思瀚 著／曾景恒 譯／ HK$93

壞鬼比喻：路加福音篇——糾正新約比喻的常見詮釋
***Right Parables, Wrong Perspectives: A Diverse Reading of Luke's Parables***

曾思瀚 著／曾景恒 譯／ HK$98

歷久常新的生命故事——約翰福音人物研究 （二版）
***Eternal Word Spoken: A Literary Study on Characterization in John's Gospel***
曾思瀚、吳瑩宜(撰寫婦女部分) 合著 ／ HK$98

使命傳承的故事——路加—使徒行傳的人物研究
***Embodying Jesus: Luke-Acts Characterization***
曾思瀚 著／ 吳瑩宜 譯／ HK$98

士師記的刻劃研究——領袖、女性與家庭的故事
***Judges Characterized: Stories of Leadership, Women and Family***
曾思瀚、吳瑩宜 合著／ HK$138

啟示錄的刻劃研究——英雄、女性與國度的故事
***Revelation Characterized: Stories of Heroes, Women and Empires***
曾思瀚、吳瑩宜 合著／ HK$118

天國就在我們中間——馬太福音登山寶訓解經研究
***Wise Relationships for God's People: Reading the Sermon on the Mount as Wisdom Literture***
曾思瀚 著／吳瑩宜 譯／ HK$78

馬可福音：敍事鑑別與神學註釋
***Mark: A Narrative-Theological Commentary***
曾思瀚、鄧紹光 合著／曾景恒 譯(曾思瀚部分)／ HK$168

香港 · 教會 · 啟示錄
曾思瀚 著／曾景恒 譯／ HK$68

# 讀者意見表

緊扣時代 服事教會

以文字傳揚基督真道

衷心多謝你購買本社書籍。本社一直致力以出版事工服事教會，幫助信徒扎根於神的話語，促進靈命增長。為使我們的出版更能滿足你的需要，請填寫下列各項資料，並寄回或傳真予本社。

所購書籍：＿＿＿＿＿＿＿＿＿＿＿＿＿＿＿＿

本書最吸引你的地方：

□作者　□適切性　□文筆　□設計　□實用性

□其他：＿＿＿＿＿＿＿＿＿＿＿＿＿＿＿＿

購買本書地點：

□基道書樓　□基督教書店　□非基督教書店

性別：□男　□女　職業：＿＿＿＿＿＿＿＿

信仰：□基督徒　□非基督徒

年齡：□ 16 歲或以下　□ 17～25 歲　□ 26～35 歲
□ 36～55 歲　□ 56 歲或以上

學歷：□中三或以下　□中五　□預科
□大學　□研究院

□我欲更多了解基道出版社的事工及考慮支持，請寄給我下列資料：

□機構簡介　□新書資料　□基道會員通訊

□《基道文字事工通訊》

姓名：＿＿＿＿＿＿＿＿＿＿＿＿電話：＿＿＿＿＿＿＿＿

地址：＿＿＿＿＿＿＿＿＿＿＿＿＿＿＿＿＿＿＿＿＿＿

＿＿＿＿＿＿＿＿＿＿＿＿＿＿＿＿＿＿＿＿＿＿

傳真：＿＿＿＿＿＿＿＿　電子郵件：＿＿＿＿＿＿＿＿

其他意見：＿＿＿＿＿＿＿＿＿＿＿＿＿＿＿＿＿＿＿＿

＿＿＿＿＿＿＿＿＿＿＿＿＿＿＿＿＿＿＿＿＿＿＿＿

多謝賜教！

基道出版社

意見表可以傳真（2687-0281）或直接郵寄以下地址：
香港沙田火炭坳背灣街26號富騰工業中心1011室
基道出版社編輯部收